बफे & ग्राहम से सीखें Share Market में Invest करना

आर्यमन डालमिया

प्रभात प्रकाशन, दिल्ली
ISO 9001:2008 प्रकाशक

प्रकाशक • **प्रभात प्रकाशन**
4/19 आसफ अली रोड,
नई दिल्ली-110002

संस्करण • 2020

BUFFETT & GRAHAM SE SEEKHEN SHARE MARKET MAIN INVEST KARNA

by Aryaman Dalmia

Published by Prabhat Prakashan, 4/19 Asaf Ali Road, New Delhi-2
e-mail: prabhatbooks@gmail.com ISBN 978-93-5048-226-1

बेंजामिन ग्राहम और वॉरेन बफे
इतने मोहक होने और ऐसे अद्भुत
कारनामे करने के लिए।
माधव धर, संजय बक्शी, आशीष धवन और चैतन्य डालमिया
अपनी गूढ़ जानकारी और अनुभव
मेरे साथ बाँटने के लिए।
मेरे पिता, गौरव डालमिया
मुझे प्रेरित करने के लिए।
मेरी माता, शर्मिला डालमिया
मुझे प्रोत्साहित करने के लिए।
मेरी बहनें देवांशी और आन्या
मेरी सबसे अच्छी आलोचक होने के लिए।

मैंने इस पुस्तक को बेहद चाव से पढ़ा। इसमें निवेश की आधारभूत बातें नितांत स्पष्टता से वर्णित हैं। हर निवेशक के लिए अवश्य पठनीय पुस्तक, अनुभवियों के लिए भी।

—प्रो. एस. मनीकुट्टी,

IIM, अहमदाबाद

***

प्रयास की ईमानदारी, मानव स्वभाव और निवेश-दर्शन की समझ-बूझ की दृष्टि से यह एक उत्कृष्ट पुस्तक है। बढ़ते हुए, लेकिन अनिर्देशित निवेशक—जनसाधारण के लिए अत्यंत उपयोगी पुस्तक! पुस्तक से पता चलता है कि लेखक में सीखने और उसे दूसरों के साथ बाँटने का आवेग है। और सबसे बड़ी बात यह कि वह बौद्धिकता में अपनी आयु से कहीं बढ़कर है।

—संजय नायर

कंट्री हेड, कोहिबर्ग क्रेविस

रॉबर्ट्स एंड कंपनी

***

पुस्तक पढ़ने में सहज-सरल और अत्यंत रोचक है। इसकी शैली दिलचस्प और सुबोध है। पुस्तक में व्यापार, अर्थव्यवस्था, लेखा और मनोविज्ञान की गहन जानकारी का समावेश है। मुझे इसमें निवेश संबंधी कई स्वदेशी सत्य और व्यापार करते हुए कैसे उनका मूल्य-सवर्धन करें, इसके मूलभूत सिद्धांत मिले हैं। किसी के भी व्यापारिक पुस्तकालय में एक उत्तम योग।

—हर्षपति सिंघानिया,

निदेशक, जे.के. ऑर्गेनाइजेशन

***

'बफे & ग्राहम से सीखें Share Market में Invest करना', आधुनिक शेयर-निवेश के पितामह वॉरेन बफे और बेंजामिन ग्राहम की निवेश-रणनीतियों की एक उत्कृष्ट प्रवेशिका है। इससे भी विशिष्ट बात आर्यमन डालमिया की इतने विशद् विषय को आत्मसात् करने और उसे पाठकों के लिए सुबोध शैली में प्रस्तुत करने की क्षमता।

—डॉ. करीम अल सोलह,
मुख्य कार्यकारी अधिकारी, गल्फ कैपिटल

***

युवा आर्यमान न केवल अपनी वर्णन शैली की ताजगी और प्रवाह से, बल्कि विविध बाजार-स्थितियों की प्रतिस्पर्धी रणनीतियों की अंतर्दृष्टि से हमें आकर्षण में बाँधे रखते हैं। उन्होंने इसमें भारत और विदेश से उदाहरण देकर इसे और जीवंत बना दिया है। इस लुभावनी, पढ़े बिना हाथ से न छोड़ने लायक इस पुस्तक की उपेक्षा निवेशक अपना नुकसान उठाकर ही करेंगे।

—प्रोफेसर प्रदीप दूबे,
येल यूनीवर्सिटी

***

इतनी छोटी उम्र में ऐसी वैचारिक स्पष्टता और अभिव्यक्ति की प्रांजलता असाधारण है। सभी 'वॉल स्ट्रीट' के संभावित निवेशकों एवं अनुभवी वित्त पेशेवरों के लिए एक सरल एवं अवश्य-पठनीय पुस्तक, जो अकसर पेड़ के लिए लकड़ी से चूक जाते हैं—खासतौर पर तब, जब मामला निजी निवेश का हो। आर्यमान की अप्रत्याशित सबक सीखने की क्षमता और तत्त्व को छानकर प्रस्तुत करने की विशेषता विलक्षण है। एक अत्यंत प्रभावशाली प्रथम कृति।

—प्रमीत झावेरी,
कंट्री हेड, सटी बैंक, भारत

अनुक्रमणिका

पुस्तक रचना क्यों और कैसे?

चाहे आप भरोसा करें कि आप कुछ कर सकते या नहीं भी, आप ठीक होते हैं।

—**हेनरी फोर्ड**

बेंजामिन ग्राहम और वॉरेन बफे निवेश की दुनिया के अत्यंत सम्मानित लोगों में हैं। हालाँकि, बहुत से युवाओं ने उनके बारे में सुन रखा है और मीडिया में पढ़ा भी है, लेकिन कुछ ही विस्तार से उनके बारे में जानते हैं। बफे के बारे में मुझे खुद कुछ साल पहले ही पता चला, जब मेरे पिताजी ने उन्हें 'परम गुरु' बताया। कहने की आवश्यकता नहीं कि मेरा कुतूहल जाग उठा। मुझे जल्दी ही उनके बारे में अनेक पुस्तकें पढ़ने को मिल गईं। फिर उस 'परम गुरु' के शिक्षक बेंजामिन ग्राहम पर भी कुछ पुस्तकें और लेख मिल गए।

पिछले डेढ़ साल में मैंने इन दोनों के बारे में काफी कुछ पढ़ा है। जिस पुस्तक से मैंने शुरुआत की, वह थी जेम्स ओलौग्लिन की 'दी

रीयल वॉरेन बफे'। इसके बाद मैंने मैरी बफे और डेविड क्लार्क की 'दि टाओ ऑफ वॉरेन बफे' पढ़ी। मैंने वॉरेन बफे के साझीदार और गहरे दोस्त चार्ली मंगर की 'पुअर चार्लीज आलमनैक' भी पढ़ डाली। पिछले एक दशक में मूझे 'फॉर्चून' पत्रिका में स्वयं बफे और कैरोल लूमिस के लिखे कई उत्तम लेख भी पढ़ने को मिले। मैंने बेंजामिन ग्राहम की पुस्तक 'दि इंटेलिजेंट इनवेस्टर' के कई अंश भी पढ़े।

इसके अलावा, वॉरेन बफे ने सन् 2009 और 2010 के बीच शेयरधारकों को जो पत्र लिखे थे, वे भी मैंने पढ़े। ये मुझे बहुत हृदयग्राही लगे। 'न्यूयॉर्क रिव्यू ऑफ बुक्स' की वेबसाइट पर संयोगवश मुझे सुइ हापर्न का लेख 'मेकिंग इट' पढ़ने का अवसर मिला। इसमें तीन पुस्तकों से लिये गए विचारों का समाकलन है। ये हैं एलिस श्रोडर की 'दी स्नोबॉल', मैल्कम ग्लैडवेल की 'आउटलायर्स' और ज्यॉफ कॉल्विन की 'टेलेंट इज ओवररेटेड'। अभी भी मैं बफे के बारे में और अधिक जानकारी की तलाश में था। तभी मुझे 2009 के आखिरी महीनों में कोलंबिया यूनिवर्सिटी में हुए सी.एन.बी.सी. के एक असाधारण टी.वी. शो का पता चला। इसमें बिजनेस स्कूल के विद्यार्थियों ने वॉरेन बफे और बिल गेट्स से अनेक प्रकार के प्रश्न पूछे थे। अंत में मैं सेथ क्लार्मन की एक लुप्त हो चुकी प्रतिष्ठित पुस्तक 'मार्जिन ऑफ सेफ्टी' ढूँढ़ने में सफल रहा। मेरे खयाल से इनकी पुरानी प्रतियाँ amazon.com पर एक हजार डॉलर से भी अधिक मूल्य पर उपलब्ध हैं।

जिन दिनों मैं ये पुस्तकें पढ़ रहा था, मैंने अपने पिता गौरव डालमिया से चर्चा की, जो खुद भी बहुत सफल निवेशक हैं। मैंने अपने चाचा चैतन्य डालमिया से भी बात की, जिनका शेयर बाजार में निवेश करने का बहुत अच्छा रिकॉर्ड है। मुझे श्री आशीष धवन से भी काफी कुछ

मिला। वे शायद देश के सफलतम निजी शेयर निवेशक हैं। एम.बी.ए. के छात्रों को व्यावहारिक वित्त-प्रबंध पढ़ानेवाले और निवेशक संजय बक्शी से भी मुझे सामग्री मिली। श्री संजय ने तो निवेश में दिलचस्पी रखनेवाले युवाओं के लिए 'लोल्लापालूजा' नाम से एक याहू ग्रुप भी बना रखा है। मैंने मोर्गन स्टेनले में उभरते बाजारों में निवेश के पूर्व प्रमुख माधव धर से भी बात की। उन्होंने हाल ही में 'गेट-वे टू इंडिया' नाम से एक निवेश कंपनी भी बनाई है।

जब मैंने बेंजामिन ग्राहम और वॉरेन बफे के बारे में पढ़ना शुरू किया तो मुझ में उम्मीद जगी कि निवेश के बारे में भी सीखूँ । पर जब मैं इस राह पर आगे बढ़ा तो मैंने न केवल अर्थशास्त्र, व्यवसाय-चक्र और वित्तीय विश्लेषण के बारे में सीखा, बल्कि मानव आचरण, विचार-भ्रांतियों एवं चरित्र के बारे में भी सीखा। सबसे बड़ी बात तो यह कि जब मैंने उन बहुत सी पुस्तकों और टिप्पणियों पर मनन किया तो मैंने अपने बारे में बहुत कुछ सीखा—मेरा सोचने का तरीका, मेरी प्राथमिकताएँ और मेरा स्वभाव। इसीलिए इस पुस्तक का शीर्षक है 'बफे & ग्राहम से सीखें Share Market में Invest करना' इसमें नेताओं एवं राजनेताओं के उद्धरण भी शामिल किए गए हैं। इनमें से अधिकांश हमारे घर पर अध्ययन-कक्ष में दीवार पर टँगे हैं। बेंजामिन ग्राहम और वॉरेन बफे को पढ़ने और आत्मसात् करने के बाद अब ये मेरे लिए और भी प्रासंगिक हो गए हैं।

□

क्यों महत्त्वपूर्ण हैं बेंजामिन ग्राहम?

अपना सुख-चैन किसी मानव-स्वीकृत मान्यताओं की अपेक्षा दैवी स्रोत से लो। यह तुम्हें मुक्त कर देता है।

—स्टीफन कोवे

1914 का साल। एक 20 वर्षीय मेधावी छात्र कोलंबिया यूनिवर्सिटी से स्नातक बनने वाला था। वह अपनी कक्षा में दूसरे नंबर पर आया। अंग्रेजी, दर्शन और गणित—इन तीन विभागों ने उन्हें अपने यहाँ प्राध्यापक पद की पेशकश की। किसी युवक के लिए यह निश्चय ही बड़ा सम्मानजनक प्रस्ताव था। लेकिन उसकी दिलचस्पी तो वित्त क्षेत्र में थी; अत: उसने कोलंबिया के प्रस्ताव अस्वीकृत कर दिए और सीधे 'वाल स्ट्रीट' का रुख किया। यह व्यक्ति बेंजामिन ग्राहम था, जो अंतत: 'पूँजी निवेश का पितामह' बना। या फिर मुझे कहना चाहिए कि 'सतत सफल निवेश का पितामह' बना। कई वर्षों तक एक ब्रांड का व्यापार करनेवाली कंपनी के लिए काम करने के बाद उसने 'ग्राहम-न्यूमैन

कॉरपोरेशन' की स्थापना की, जो एक अत्यंत सफल म्यूचुअल फंड कंपनी बनी।

ग्राहम के असाधारण लाभ

हालाँकि इतने पहले का विश्वसनीय डाटा प्राप्त करना कठिन है, 'ग्राहम-न्यूमैन कॉरपोरेशन' ने ग्राहम के 1956 में सेवामुक्त होने तक 20 वर्ष लगातार 20 प्रतिशत प्रतिवर्ष का लाभ अर्जित किया। उसी अवधि में बाजार सूचकांक ने 12.2 प्रतिशत प्रतिवर्ष का लाभ दिखाया था। तीन साल की अवधि में भी इतना अंतर बड़ी बात है। फिर 20 वर्षों की अवधि के लिए तो यह नितांत आश्चर्यजनक है। बहुत कम लोग इतने लंबे अरसे तक इतनी व्यापकता से बाजार को पटकनी दे सके हैं।

हम निवेश की रणनीति को दो अवधियों में बाँट सकते हैं—एक पूर्व ग्राहम-काल, जब लोग मानते थे कि निवेश अटकलबाजी है, असंगठित है, अनुमान-आधारित और विश्लेषण-दृढ़ता विहीन है। दूसरा ग्राहम व उनके बाद का काल है, जब ग्राहम के तर्क आधारित, आत्म-नियंत्रण व अनुभूत साक्ष्यों पर आधारित सिद्धांत थे, न कि अधकचरी सूचनाओं, अफवाहों या बाजार धारणाओं पर आधारित।

उनका विकास काल

1894 में लंदन में बेंजामिन ग्रॉसबॉम के तौर पर जनमे ग्राहम निवेश की दुनिया को मूलभूत रूप से बदलने में सफल रहे। उनके जीवन की आरंभिक उथल-पुथल एवं अनुभवों ने उनके अपने जीवन को स्वरूप दिया। उनके पिता लंदन के एक अत्यंत सफल व्यापारी थे। बेंजामिन जब एक साल के थे, तब उनका परिवार न्यूयॉर्क आ गया। लेकिन 1903

में ग्रॉसबॉम का निधन हो गया। उनका व्यापार संकट में आ गया और परिवार की धन-समृद्धि घट गई। बेंजामिन की माता ने पाँचवें एवेन्यू के अपने बड़े घर को 'बोर्डिंग हाउस' बनाकर गुजारा किया। दुर्भाग्य से उन्होंने स्टॉक मार्केट में सट्टेबाजी के लिए पैसा उधार ले लिया। इससे उनका परिवार लगभग दिवालिया हो गया। किशोर बेंजामिन ग्रॉसबॉस पर इस अनुभव का बड़ा गहरा असर पड़ा। अंततः उन्होंने कोलंबिया यूनिवर्सिटी में एक छात्रवृत्ति प्राप्त कर ली और पढ़ाई में अव्वल रहे।

लगभग उन्हीं दिनों दूसरा विश्वयुद्ध छिड़ गया। परिवार ने उनका नाम बदलकर ग्राहम रख लिया, क्योंकि उन दिनों जर्मनी सरीखे नामों को अमेरिका में हीन दृष्टि से देखा जाता था। स्नातक बन जाने के बाद वे भी अपने समय के कई अन्य महत्त्वाकांक्षी लोगों की तरह वाल स्ट्रीट चले गए। वहाँ वे एक प्रख्यात निवेशक बने और उनकी 'ग्राहम-न्यूमैन कॉरपोरेशन' अमेरिकी इतिहास की सर्वाधिक सफल म्यूचुअल फंड कंपनियों में से एक बन गई।

ग्राहम की विरासत

बेंजामिन ग्राहम का योगदान ऐसा था कि सन् 1976 में 'फाइनेंशियल एनालिस्ट्स जर्नल ने लिखा, "शेयर बंधपत्र (प्रतिभूति) विश्लेषण के क्षेत्र में दूसरे स्थान पर भी किसी व्यक्ति के होने के बारे में सोचना कठिन है।" सन् 1934 में डेविड डॉड के साथ उन्होंने अपनी सार्वकालिक प्रतिष्ठित पुस्तक 'सिक्योरिटी एनालिसिस' (शेयर विश्लेषण) लिखी। वैज्ञानिक तरीके से निवेश पर लिखी गई यह संभवतः पहली पुस्तक थी। आज हम जिन बहुत सी बातों को आम समझ मानते हैं, वे उन दिनों सामान्य नहीं थीं। उदाहरण के लिए इस पुस्तक में लिखा है,

''निवेश वह क्रिया है, जो गहन विश्लेषण के तहत मूलधन की सुरक्षा और पर्याप्त लाभ दिलाती है। जो क्रिया इस आवश्यकता को पूरा नहीं करती, वह अटकलबाजी ही है।'' आज यह आम समझ की बात है, लेकिन उन दिनों यह दूसरों से आगे ले जाने वाली थी।

वर्ष 1949 में बेंजामिन ग्राहम ने 'दि इनटेलिजेंट इनवेस्टर' लिखी। उन्होंने दशकों तक सफल निवेश करते हुए जो ज्ञान और अनुभव पाया था, यह उसका समाकलन था। वॉरेन बफे के शब्दों में, ''निवेश पर लिखी गई यह सर्वोत्तम पुस्तक है।''

सरल व सशक्त अंतर्दृष्टि

आगे हम 'दि इंटेलिजेंट इनवेस्टर' में व्यक्त कुछ विचार उद्धृत कर रहे हैं, जो मेरे मन में कौंधते हैं—

- अपने 50 वर्ष से अधिक के शेयर बाजार के अनुभव और अवलोकन में हमें एक भी व्यक्ति ऐसा नहीं मिला जिसने बाजार का अनुसरण करके लगातार और स्थायी रूप से धन कमाया हो। हमें यह कहने में तनिक भी हिचक नहीं है कि यह रवैया जितना लोकप्रिय है, उतना ही भ्रामक भी है।
- अच्छे निवेश के मूलभूत सिद्धांत एक दशक से दूसरे दशक में बदलते नहीं। लेकिन वित्तीय प्रक्रिया और वातावरण के अनुरूप इन सिद्धांतों को लागू करने में परिवर्तन अवश्य करना चाहिए।
- हम एक भ्रांति को दूर करना चाहते हैं, जो जोर पकड़ रही है। वह यह है कि प्रमुख शेयर कभी भी, किसी भी मूल्य पर खरीदे जा सकते हैं—इस विश्वास के साथ कि अतत: ये लाभ ही देंगे। अगर इस बीच घाटा होता है तो भी बाजार के नई ऊँचाइयों पर

उठने के बाद उसकी भरपाई हो जाएगी। यह सच नहीं है।

- हालाँकि किसी दूसरे क्षेत्र में बड़ी उपलब्धि के लिए उत्साह जरूरी हो सकता है, लेकिन 'वॉल स्ट्रीट' पर तो यह लगभग निरपवाद रूप से अनर्थकारी होता है।
- हमने अपने पाठकों के लिए दो सबक निकाले हैं। (1) किसी व्यापार में स्पष्ट वृद्धि की संभावनाएँ में उसके निवेशकों के लिए जरूरी नहीं कि स्पष्ट लाभ में तब्दील हों (2) विशेषज्ञों के पास सर्वाधिक उम्मीद वाले उजेगों में सर्वाधिक आशाजनक कंपनियों को चुनने और उनपर ध्यान केंद्रित करने के भरोसेमंद तरीके नहीं होते।
- निश्चय ही निवेशक की मुख्य समस्या—और उसका सबसे बड़ा शत्रु—उसके स्वयं होने की संभावना रहती है।
- क्या पेश किया जा रहा है और उसके लिए क्या भुगतान किया गया—चीजों को इस तरह जोड़ने की आदत निवेश मामले में मूल्यवान गुण होता है। हमारी लोगों को सलाह है कि वे शेयरों की खरीददारी दाल, चावल, साबुन, तेल की तरह करें इत्र की तरह नहीं, जिसमें सभी शेयर एक ही वर्ग के होते हैं।
- बहुत बार भयंकर नुकसान तब हुए जब खरीददार 'कितने का है' पूछना भूल गया।
- निवेश की कला में एक खूबी है, जिसे आमतौर पर सराहा नहीं जाता। एक आम निवेशक बहुत कम प्रयास और क्षमता के साथ भी बहुत शानदार न सही, लेकिन अच्छा परिणाम हासिल कर सकता है। लेकिन इस आसानी से पा सकने वाले स्तर में सुधार करने के लिए बहुत अधिक बुद्धिमानी और उसके प्रयोग की आवश्यकता होती है। अगर आप अपनी निवेश योजना में थोड़े से

अतिरिक्त ज्ञान और होशियारी का ही इस्तेमाल करेंगे तो सामान्य परिणाम से कुछ अधिक पाने के बजाय आप देखेंगे कि आपने बुरा ही कर दिया।

- निवेश सबसे ज्यादा समझदारी वाला तब होता है, जब वह व्यापार-सरीखा हो। उन योग्य व्यापारियों को देखकर तब हैरानी होती है जब वे 'वॉल स्ट्रीट' में अपने उन सभी सिद्धांतों को ताक पर रखकर लेन-देन करते हैं, जिनके दम पर वे अपनी कंपनियों में इतने सफल रहे हैं।
- लाभ कमाने के लिए निवेश उम्मीदों पर नहीं, अंकगणित पर आधारित होना चाहिए।
- अपनी जानकारी और अनुभव पर भरोसा रखें। अगर आपने तथ्यों के आधार पर कोई निष्कर्ष निकाला है और आप जानते हैं कि आपका निर्णय सही है, तो उसपर अमल करें—भले ही दूसरे आप से असहमत हों, या हिचक रहे हों। प्रतिभूति की दुनिया में पर्याप्त जानकारी और परीक्षित निर्णय ध्यान में होने के बाद साहस ही सबसे बड़ा गुण है।

उपर्युक्त बुद्धिमानी की बातें हमें 500 पृष्ठों की इस पुस्तक के लगभग 100 पृष्ठों में उपलब्ध हुई हैं। मेरे विचार में इन बारीकियों को समझने की तरकीब उन्हें केवल पढ़ना नहीं, बल्कि उन्हें आत्मसात् करना है। उन्हें अपनी दैनिक आदतों में शामिल कर और निवेश करते समय सावधानी के साथ उनका प्रयोग करें। अगर लोगों ने इनको पढ़कर इनपर अमल किया होता तो वे नुकसान या अपर्याप्त लाभ से होनेवाले बहुत से दु:ख और पीड़ा से बच सकते थे।

□

क्यों महत्त्वपूर्ण हैं वॉरेन बफे?

> आप वे हैं जो आपकी गहन इच्छा है,
> जैसी आपकी चाहत, वैसी आपकी सोच,
> जैसे आपकी सोच, वैसे आपके कर्म,
> जैसे आपके कर्म, वैसा आपका भाग्य।
>
> —'उपनिषद्'

जब बेंजामिन ग्राहम 'वॉल स्ट्रीट' में अपना कैरियर बना रहे थे तभी बड़ी मंदी का दौर शुरू हुआ, एक और निवेश-गुरु ने इस धरती पर जन्म लिया। वॉरेन बफे का जन्म 1930 में ओमाहा नामक एक छोटे से शहर में हुआ। उनके पिता हॉवर्ड बफे एक सफल व्यापारी और राजनीतिज्ञ थे। उनकी माता लैला गृहिणी थीं।

बफे का आरंभिक जीवन

बहुत छोटी उम्र में ही बफे व्यापार से आकर्षित हुए। किशोर अवस्था में उन्होंने जेब खर्च के पैसों के लिए तरह-तरह के पापड़ बेले। घर-घर

जाकर गम, सोडा और पत्रिकाएँ बेचीं, अपने दादा की किराने की दुकान पर काम किया, लोगों के घरों में अखबार पहुँचाए। उनकी कर्मशक्ति असाधारण थी। अपना पहला आयकर रिटर्न उन्होंने मात्र 14 साल की उम्र में भरा। इतना ही नहीं, उन्होंने अपने समाचार पत्र पहुँचाने के 'व्यापार' में इस्तेमाल होने वाली साइकिल और घड़ी के लिए 35 डॉलर की कर-कटौती भी ली। जाहिर है कि उनमें गजब की व्यावसायिक प्रतिभा थी।

उनकी किशोरावस्था की उद्यमशीलता के और भी कई उदाहरण हैं। बफे जब 15 साल के थे, उन्होंने अपने एक दोस्त के साथ मिलकर 25 डॉलर में एक पिनबाल मशीन खरीदी। इसे उन्होंने पड़ोस की एक नाई की दुकान में रख दिया। लड़के जब वहाँ बाल कटाने आते तो अपनी बारी का इंतजार करते। समय और थोड़े से पैसे देकर पिनबाल खेलते। यह विचार बहुत सफल रहा। कुछ ही महीनों में उन दोनों ने कई पिनबाल मशीनें खरीदकर उन्हें अलग-अलग दुकानों पर रख दिया।

बफे बड़े कुतूहली बालक थे। 11 साल की उम्र में वे 'न्यूयॉर्क स्टॉक एक्सचेंज' गए। उन्होंने शेयर बाजार से कुछ शेयर भी खरीदे और अच्छी आमदनी की। अपने पिता और कुछ अन्य लोगों के साथ मिलकर उन्होंने एक छोटा फार्म खरीदा, जिसे उन्होंने एक किसान को काश्तकारी के लिए दे दिया। ऐसी छोटी-छोटी पहलों के फलस्वरूप कॉलेज की पढ़ाई पूरी करने तक बफे ने एक लाख डॉलर की रकम जमा कर ली थी।

उनके आरंभिक जीवन में मेरे लिए बहुत से सबक हैं। जिंदगी के उन शुरुआती सालों में जब हममें से अधिकांश क्रिकेट और फुटबॉल के बारे में ही सोचते हैं, उनकी महत्त्वाकांक्षा ने उन्हें अपने भविष्य का मार्ग प्रशस्त करने के लिए प्रेरित किया। हमें उनकी सोच में स्पष्टता और उद्यमशीलता के स्पष्ट 'लक्षण' दिखाई देते हैं। अपने कार्य के प्रति उनमें नैतिकता और अपने लक्ष्य पाने के लिए समर्पण था। इसकी तुलना हम

ऐसे कर सकते हैं कि हम सुबह छह बजे के व्यायाम और क्रिकेट खेलने जाने से पहले के काम से किस तरह कतराते हैं।

बफे को नई-नई चीजें आजमाने का बहुत शौक था। उन्हें फैसले लेने से जरा भी डर नहीं लगता था। ऐसे फैसले भी, जो हमारे स्तर से भी जबरदस्त हों। उनमें गजब का आत्मविश्वास था। यह न केवल उनके नए जोखिम भरे कदमों में दिखता है, बल्कि दूसरों से अपने विचारों की चर्चा करने या उन्हें वे विचार बेचने की क्षमता में भी प्रकट होता है। आप कल्पना करें उस 15 वर्ष के किशोर की, जिसने अपनी पहली पिनबाल मशीन रखने के लिए सैलून के मालिक को मना लिया!

चार्ली मुंगेर, उनके साझीदार और बर्कशायर हैथवे के उपाध्यक्ष लगभग 20 वर्षीय वॉरेन बफे के बारे में बताते हैं कि वे बातूनी, ऊर्जा से भरपूर और जिज्ञासु थे। उनके इन्हीं गुणों ने दोनों को तुरंत एक-दूसरे के निकट ला दिया। जो कुछ मैंने पढ़ा है, उससे पता चलता है कि बफे अपनी उम्र के दूसरे लड़कों से कहीं अधिक परिपक्व थे। उनकी सोच की परिपक्वता आज भी साफ उजागर होती है।

बेंजामिन ग्राहम का प्रभाव

वॉरेन बफे पढ़ने के लिए वार्टन गए। फिर वहाँ से नेबरास्क यूनिवर्सिटी आ गए। यहाँ से वे 20 वर्ष की आयु से कुछ ही पहले स्नातक बने। तब तक बेंजामिन ग्राहम की बहुत ख्याति फैल चुकी थी और वे कोलंबिया यूनिवर्सिटी में पढ़ाने लगे। वॉरेन बफे ने उनसे पढ़ने के लिए कोलंबिया यूनिवर्सिटी में दाखिला लिया और वहाँ से स्नातकोत्तर की उपाधि पाई।

कहा जाता है कि इसके बाद उन्होंने ग्राहम की निवेश कंपनी में मुफ्त काम करने के लिए आवेदन किया। लेकिन इसे अस्वीकृत कर दिया गया। लेकिन कुछ साल काम करने के बाद अंतत: उन्होंने ग्राहम के सन्

1956 में कार्यमुक्त होने से पहले दो साल तक उनके साथ काम करने का अवसर पा ही लिया। इस कहानी से बफे की एक और विशेषता उजागर होती है। जिसे हम अपना गुरु मानते हैं, उनके द्वारा अस्वीकृत हो जाने के बाद किसी भी आम आदमी के हौसले पस्त हो जाएँगे पर वॉरेन बफे के मामले में ऐसा नहीं था। वे जुटे रहे। उन्होंने अपनी कुशलता बढ़ाने के लिए सार्वजनिक संभाषण और निवेश-प्रबंधन की शाम को अतिरिक्त पढ़ाई की।

पूँजी-निवेश का कारोबार

ग्राहम के बाद उन्होंने साझेदारी में निवेश का काम शुरू किया। कंपनी का नाम 'बफे पार्टनरशिप' रखा और वापस ओमाहा आ गए। उनका व्यापार खूब फला-फूला। पाँच साल के अंदर-अंदर उन्होंने इसका विस्तार करके सात साझेदारियाँ कर ली थीं।

वर्ष 1965 में वॉरेन बफे ने एक वस्त्र कंपनी 'बर्कशायर हैथवे' के शेयर खरीदने शुरू कर दिया। उनके विचार में कंपनी के शेयर क्षमता से कम आँके जा रहे थे। एक साल के अंदर उन्होंने कंपनी पर अपने नियंत्रण लायक शेयर खरीद लिये थे। उनका तर्क एकदम सीधा था : बर्कशायर हैथवे का शेयर मूल्य उस समय 15 डॉलर प्रति शेयर था, जबकि उसकी कार्यशील पूँजी 19 डॉलर प्रति शेयर थी। इसके अलावा उसके पास वस्त्र-उत्पादन के लिए संयंत्र और मशीनरी थी। इसका अर्थ यह था कि जितनी उसके ग्राहकों की बर्कशायर हैथवे के प्रति देनदारी थी, उसमें से हैथवे की उसके आपूर्तिकर्ताओं के प्रति देनदारी घटा दें तो जो राशि बचती थी, वह कंपनी के कुल मूल्य से अधिक थी—यानी कपड़ा मिल मुफ्त में मिल रही थी।

कम मूल्यांकन वाली कंपनियों की खोज बेंजामिन ग्राहम की प्रमुख

शिक्षाओं में एक थी और समय-समय पर यह प्रकरण सामने आता था। 'बर्कशायर हैथवे' उनका ऐसा पहला निवेश नहीं था, क्योंकि इसे उनकी मूल नियंत्रण वाली कंपनी बनना था। कालांतर में इसे बीमा, खुदरा व्यापार एवं कई अन्य व्यवसायों में अपना विस्तार करना था। उसे बाजार की अग्रणी कंपनियों—क्रेडिट रेटिंग कंपनी मूडीज, पेय कंपनी कोका कोला, क्रेडिट कार्ड कंपनी अमेरिकन एक्सप्रेस और समाचार पत्र कंपनी वाशिंगटन पोस्ट आदि के शेयर बड़े पैमाने पर खरीदने थे। वर्ष 2008 के आर्थिक संकट के बाद जनरल इलेक्ट्रिक और गोल्डमेन साक्स सरीखी ब्लूचिप कंपनियों को करोड़ों डॉलर की आवश्यक पूँजी देने वाली कंपनी बनी।

ऊँची परवाज

वॉरेन बफे की उन्नति बहुत सहज और नियमित थी। हालाँकि उनका हरेक सौदा सफल नहीं रहा, पर उनकी धन-दौलत निवेश-बाजार के उतार-चढ़ाव के साथ घटी-बढ़ी नहीं। वर्ष 1962 तक वे दस लाख डॉलर से अधिक के मालिक बन चुके थे। सन् 1979 तक उनकी निवल संपत्ति 60 करोड़ डॉलर से अधिक हो गई थी। तब उनका नाम पहली बार 'फोर्ब्स' की 400 धनिकों की सूची में आया। वर्ष 1990 तक वे अरबपति बन चुके थे। सन् 2008 में वे विश्व के सबसे धनी व्यक्ति बन गए और पिछले पूरे दशक में 10 शीर्ष धनिकों की सूची में रहे। वर्ष 2010 में उनकी संपत्ति 45 अरब डॉलर आँकी गई और वह 'फोर्ब्स' की 400 धनिकों की सूची में दूसरे नंबर पर आए।

उनके अपने शहर ओमाहा की लोकप्रिय शेयरहोल्डरों की वार्षिक मीटिंग में वर्ष 1981 में जहाँ कुल 12 शेयरधारक आए थे। वहीं वर्ष 2010 की मीटिंग में 35000 आए। इससे पता चलता है कि उनकी मान्यता कितनी बढ़ी है!

'बर्कशायर हैथवे' के डेविड गौट्समैन और फ्रैंक्लिन ओटिस बूथ जैसे आरंभिक निवेशक सिर्फ इसलिए अरबपति बन गए क्योंकि उन्होंने वॉरेन बफे के बारे में शुरुआत में ही जान लिया था। एक और बात जिसे कम लोग जानते हैं, वह यह है कि बिल गेट्स, जो वॉरेन बफे के साथ विश्व के सर्वाधिक धनी होने का स्थान कुछेक वर्षों के अंतर से बाँटते रहते हैं, आयु में 25 वर्ष के अंतर के बावजूद बफे के करीबी दोस्त हैं। वे अब 'बर्कशायर हैथवे' के दूसरे सबसे बड़े शेयरधारक हैं। महान्‌चेता एक जैसी सोच रखते हैं, नहीं?

'बर्कशायर हैथवे' ने निरंतर बाजार को बड़े अंतर से पछाड़ा है। अगर आपने वर्ष 1964 में एस. एंड पी. इंडेक्स में 100 डॉलर का निवेश किया होता तो आज आपके पास 5430 डॉलर होते। वही राशि अगर आपने 'बर्कशायर' में निवेश की होती तो आपके पास 434,000 डॉलर से थोड़ा अधिक ही होता। इसीलिए तो महान् हैं वॉरेन बफे! एक और बात, यह तो खाता-मूल्य आधारित संकुचित आँकड़े हैं, न कि बाजार मूल्य लाभ पर आधारित। बफे की राय में उपलब्धि को आँकने के लिए खाता-मूल्य सर्वश्रेष्ठ पैमाना है। लेकिन अगर आप बाजार-लाभ के आधार पर आकलन करें, जैसाकि सभी फंड और निवेश कंपनियाँ करती हैं तो आपके 100 डॉलर 800,000 डॉलर के समतुल्य बन गए होते। जो लोग बीच में ही छोड़ना चाहते हों, उनके लिए पाँच सालों की अवधि में एक भी समय ऐसा नहीं आया, जब बर्कशायर के खाता-मूल्य लाभ एस.एंड.पी. इंडेक्स से पीछे रहे हों। इसलिए बफे और भी बेहतर हैं।

महत्त्वपूर्ण सबक

फिर भी मेरी राय में वॉरेन बफे की कहानी धन या सफलता विषयक नहीं। यह तो कर्मशक्ति, स्वभाव और सादगी से संबंधित है। मेरे विचार

से उनकी सफलता तो उनके इन रत्न सरीखे गुणों के सह-उत्पाद हैं।

बफे स्पष्टत: महत्त्वाकांक्षी और समर्पण भाव वाले हैं। उनकी किशोरावस्था से ही ये गुण उनकी पहचान रहे हैं। हालाँकि वे 82 वर्ष के हैं, लेकिन अब भी ऊर्जावान हैं और पूरा समय काम करते हैं। अब उनका कहना है कि वे हर रोज नाचते-कूदते काम करते हैं और अपनी मृत्यु के पाँच वर्ष बाद ही कार्यमुक्त होंगे। मुझे उनकी बात पर भरोसा है।

उनका स्वभाव तो पूरी एक पुस्तक का विषय बन सकता है। अपनी सोच में वे एकदम स्वतंत्र हैं। वे अपने तर्क के अनुरूप आचरण करते हैं, भीड़ के अनुरूप नहीं। भलीभाँति अवसर का विश्लेषण करने के बाद जब करने को ठान लेते हैं तो फिर बड़ा दाँव लगाने से डरते नहीं। अवसर होने पर वे कुछ सप्ताहों में ही अरबों डॉलर का निवेश कर सकते हैं। अगर स्थिति ऐसी न हो तो वे वर्षों तक खाली बैठे रहेंगे और कोई निवेश नहीं करेंगे।

बफे में जटिल मुद्दों को सरल करने और उनके अहम् हिस्सों पर ध्यान केंद्रित करने की अद्‌भुत क्षमता है। इसीलिए वे बेहतर निर्णय ले पाते हैं। वह निर्णय भले ही चलन के मुताबिक न हो, पर समय की कसौटी पर खरा उतरता है। उनकी सादगी उनकी जीवनशैली और पसंद में झलकती है। वे अब भी अपने सन् 1957 में बनाए घर में रहते हैं। अपना फोन स्वयं सुनते हैं तथा अपनी 100,000 डॉलर वार्षिक तनख्वाह में गुजारा करते हैं। वे 'कैडलैक' कार चलाते हैं और समय बचाने के लिए न्यूयॉर्क शहर के सबवे का प्रयोग भी कर लेते हैं।

□

बाजार को समझने से पहले खुद को समझें?

> जिंदगी ताश के खेल की तरह है। जो पत्ते आपको मिले हैं, वह आपका भाग्य है। आप किसी भी तरह खेलने के लिए स्वतंत्र हैं।
>
> **—जवाहरलाल नेहरू**

बेंजामिन ग्राहम आपको बताते हैं कि किसी भी तरह का निवेश करने से पहले आप खुद को, अपनी कुशलता को, निवेश-काल की सीमा को, कितना प्रयास करने के लिए आप तैयार हैं, निवेश से होने वाली आय की अपनी आवश्यकता और कितना जोखिम उठाने को आप तैयार हैं—यह सब समझें।

योग्यता का दायरा

सबसे पहली और सबसे महत्त्वपूर्ण बात है—आपकी योग्यता का दायरा। आप क्या जानते हैं और क्या नहीं, इसमें भेद करने की क्षमता आपमें होनी चाहिए। ऐसे बहुत से अवसर हो सकते हैं जो लाभकारी हों, लेकिन

जो आपकी योग्यता सीमा से बाहर हों—आपको उनसे सर्वथा बचना चाहिए। मेरे पिता इसे 'प्रलोभन पर मस्तिष्क की विजय' कहते हैं।'

वॉरेन बफे 10 अरब डॉलर की नकदी लेकर बैठे रहे। यह 90 के दशक के अंतिम वर्षों का प्रौद्योगिकी में उछाल का दौर था। लेकिन उन्होंने कोई निवेश नहीं किया; क्योंकि वे स्वीकार करते थे कि उन्हें प्रौद्योगिकी की समझ नहीं है। हालाँकि, वे बिल गेट्स के घनिष्ठ मित्र थे। बहुत से लोग पर्याप्त समझ के बिना भीड़ का अंधानुकरण करते हैं। कुछ समझदार थोड़ा विश्लेषण करते हैं, जो अकसर सतही किस्स का होता है और फिर निवेश आरंभ कर देते हैं। कुछ लोग एक-दो विशेषज्ञों के रास्ते पर चलते हुए उनकी नकल करने की कोशिश करते हैं। लेकिन वारेन बफे जैसे ऐसा कुछ नहीं करते। वे देखते हैं कि क्या वे इस नए तेजी से उभरते क्षेत्र को समझ रहे हैं? जब उन्हें पूर्ण विश्वास हो जाता है, तभी नए क्षेत्र में कदम बढ़ाते हैं। अकसर वे उसे छोड़ ही देते हैं।

मेरे चाचा चैतन्य डालमिया शेयर बाजार में निवेश करते हैं। उन्होंने पिछले एक दशक में प्रतिवर्ष 30 प्रतिशत की दर से समाकलित लाभ पाया है। लेकिन वे औषधीय क्षेत्र में कभी निवेश नहीं करते। ऐसा नहीं कि उनके विचार में यह क्षेत्र लाभदायक नहीं हैं। भारत के हाल ही में बने कई करोड़पति अपनी धन-दौलत के लिए इस क्षेत्र के शुक्रगुजार हैं। बहुराष्ट्रीय कंपनियाँ भारतीय बाजार में प्रवेश के लिए इस क्षेत्र की कंपनियों को खरीदने के निमित्त डॉलरों में बड़ी अच्छी रकमें दे रही हैं। यह सब जानते हुए भी मेरे चाचा इनसे दूर रहना पसंद करते हैं। कारण यह कि औषधीय क्षेत्र उनकी योग्यता के दायरे से बाहर है। उन्होंने दूसरों को असाधारण लाभ कमाते देखा है, लेकिन फिर भी इस क्षेत्र से दूर रहे, क्योंकि बेंजामिन ग्राहम और वॉरेन बफे ने जो कुछ कहा है,

उसे वे अच्छी तरह समझते हैं।

एक और उदाहरण आशीष धवन का है। वे भारत में सर्वाधिक सफल 'क्रिस कैपीटल' निजी इक्विटी फंड में एक के संचालक हैं। वे शेयर बाजार में लोकप्रिय होने से पूर्व ही कई क्षेत्रों के आरंभिक निवेशक रहे हैं। उन्होंने आम निवेशक के इनमें संभावनाओं को पहचानने से बहुत पहले वित्तीय सेवाओं एवं आधारभूत क्षेत्र की कंपनियों में सफल निवेश किया। लेकिन जब अचल संपत्ति में निवेश की बात आती है तो वे हिचकते हैं। इसलिए नहीं कि वे इस क्षेत्र के आधारभूत आकर्षण को नहीं समझते, बल्कि इसलिए कि वे इस नए क्षेत्र में कैसे लाभ कमा सकते हैं, इसका आकलन नहीं कर पाते। पिछले तीन वर्षों से वे इस क्षेत्र का अध्ययन कर रहे हैं और मेरे पिता से इस बारे में चर्चा भी कर रहे हैं। लेकिन वे इस क्षेत्र को अभी भी अपनी योग्यता के दायरे में नहीं ला सके। उन्होंने ऐसे बहुत से अवसर खो दिए, जो उनको अच्छा लाभ दिला सकते थे। लेकिन उनकी योग्यता के दायरे के प्रति प्रतिबद्धता ऐसी है कि वे इन अवसरों से चूकने के बारे में सोचते तक नहीं।

जब आप अपनी योग्यता के दायरे के बाहर निवेश करते हैं तो ऐसा जोखिम उठाते हैं जिसे आप पूरी तरह समझते नहीं। आप ऐसे भविष्य के बारे में पूर्वकथन करते हैं जिसे करने की योग्यता आपमें नहीं है। संभवत: आप अन्य लोगों की योग्यता के आधार पर दाँव लगा रहे होते हैं। आप भीड़ के साथ भेड़चाल में शामिल हो रहे होते हैं। आप बाजार-चक्र की कोई अवधारणा विकसित करने में अक्षम होते हैं जो कि अवश्य ही सामने आएगा। थोड़े समय के लिए या संयोगवश हो सकता है आपको अपनी योग्यता के दायरे से बाहर भी अच्छा लाभ

मिल जाए। पर यह वहनीय नहीं होता, अतः इसके लिए इस तरह की माथापच्ची करना व्यर्थ ही है।

अपनी परिस्थितियों को समझें

अपने आपको समझने से संबंधित दूसरा मुख्य कारक अपनी परिस्थितियों को समझना है। निवेश के लिए आपके समय का निर्धारण आपकी आयु करती है। जिसके आधार पर आप निवेश करते हैं और जोखिम उठाते हैं। आपकी आमदनी और बचत भी महत्त्वपूर्ण कारक हैं। निवेश के बारे में कोई रणनीति बनाने से पहले आपको अपने कारोबार और जिम्मेदारियों का भी विश्लेषण कर लेना चाहिए। ज्यादातर लोग इन कारकों का पर्याप्त विश्लेषण नहीं करते।

बेंजामिन ग्राहम बताते हैं कि आपको अपनी राशि का 25 प्रतिशत से 75 प्रतिशत तक सामान्य शेयरों में और शेष बॉण्डों में निवेश करना चाहिए। यह सब आपकी परिस्थितियों और आप अपने शेयरों में निवेश को कितना समय दे सकते हैं, इसपर निर्भर करता है। यह काफी बड़ी श्रेणी है। कम सक्रिय निवेशकों को वे सलाह देते हैं कि बॉण्डों में निवेश करें, क्योंकि परिभाषा के लिहाज से कम सक्रिय निवेशक अपने निवेश के लिए अधिक प्रयास करने में असमर्थ और अनिच्छुक होते हैं।

ग्राहम की कुछ बातें बहुत ही सहज ज्ञानवाली हैं, लेकिन कम ही लोग उनका अनुसरण करते हैं। उनका कहना है कि बहुत से निष्क्रिय निवेशक अपने आप को, सक्रिय समझ बैठते हैं। यह एक बड़ी गलती है, जो शेयर बाजार में तेजी के समय लोगों को बहुत उत्साही बना देती है। लेकिन बाजार में उतार के समय उनकी प्रवृत्ति संकुचित हो जाती है। ऐसा इसलिए होता है क्योंकि ऐसे निवेशकों ने जिन शेयरों में निवेश

किया होता है, उनका पर्याप्त विश्लेषण नहीं होता। कारण यह कि उन्होंने इसके लिए आवश्यक प्रयास नहीं किया होता। लिहाजा वे बाजार के रुझान का ही अनुसरण करते हैं, जिससे उन्हें औसत अथवा बुरे परिणाम मिलते हैं।

हैरानी की बात है कि लोग अतिरिक्त काम के लिए औषधि अथवा वास्तुकला का काम-धंधा तो नहीं करते, फिर भी उनको विश्वास होता है कि वे अपने अतिरिक्त काम के तौर पर निवेश कर सकते हैं। कहने का अभिप्राय यह है कि बहुत से निवेशक जो खुद को सक्रिय समझते हैं, उन्हें अपनी स्थिति पर पुनर्विचार करना चाहिए।

अति सक्रिय निवेशकों के लिए भी ग्राहम की सलाह है कि वे कम-से-कम 25 प्रतिशत बॉण्ड में निवेश करें। यह उन्हें शेयर बाजार के उतार-चढ़ाव सहने में मदद देगा। उनका कहना है कि एक बार अगर आपने अपना ऋणपत्र और शेयर का मेल चुन लिया है, तब इनके प्रतिशत में आप बाजार के उतार-चढ़ाव को देखकर नहीं बल्कि अपने जीवन की परिस्थितियों में आए बदलाव को देखकर ही फेरबदल करें।

जोखिम-प्रबंधन के लिए विविधीकरण

आम समझ बताती है कि विविधीकरण आपके किसी एक निवेश को नियंत्रित करता है अत: यह आपके जोखिम-प्रबंधन में सहायक है। यह आपके लाभ में मदद करता है और सुनिश्चित करता है कि अगर आपके कुछ निवेश अच्छा परिणाम नहीं देते, तब भी आपको समुचित लाभ मिलता रहे। लेकिन बफे इससे सहमत नहीं होंगे।

मेरे विचार में वे आपको बताएँगे कि यदि आप दृढ़ और अनुशासित निवेशक नहीं हैं तो आपको मान लेना चाहिए कि आप निष्क्रिय निवेशक

हैं। तब आपके लिए शेयर बाजार सूचकांक में खरीदारी करना ही बेहतर होगा। यदि आप सक्रिय निवेशक हैं लेकिन आपमें दृढ़ता नहीं है तो आपको विविधीकरण करना चाहिए, पर इसके साथ ही निष्क्रिय निवेशक बनने के बारे में भी सोचना चाहिए।

इसके विपरीत यदि आप अपनी योग्यता के दायरे में रहकर निवेश कर रहे हैं और आपने पूरी तैयारी कर ली है तो आपको विविधीकरण नहीं करना चाहिए। बेहतर समय में विविधीकरण बेकार है और खराब समय में लाभ का नुकसान करता है क्योंकि आपने अपनी पूँजी सबसे बेहतर क्षेत्र के बजाय कई निवेशों में फैलाई होती है। वॉरेन बफे कहते हैं, ''विविधीकरण हमारी अपनी अज्ञानता से बचाव की कोशिश है। लेकिन जो जानते हैं कि वे क्या कर रहे हैं, उनके लिए यह ज्यादा मायने नहीं रखता।''

वे आगे राय देते हैं कि आपको अपनी निवल परिसंपत्ति का 10 प्रतिशत तो किसी निवेश में लगाना ही चाहिए। मेरी राय में अगर आप इस मानसिकता के साथ किसी कंपनी का विश्लेषण करते हैं तो आप स्वयमेव बड़ी सूझ-बूझ से निवेश करेंगे और कई क्षेत्र के व्यापारों का अध्ययन करने में अपनी ऊर्जा खर्च नहीं करेंगे। दूसरी तरफ एक विविधीकरण वाला पोर्टफोलियो बनाना और उसपर निरंतर ध्यान रखना दुष्कर होता है। इसलिए लोग अकसर ऐसा करने से कतराते हैं।

अगर आप सबसे धनी भारतीयों की सूची पर नजर डालें तो आप देखेंगे कि उनकी समृद्धि केवल कुछ क्षेत्रों पर केंद्रित सौदों से आई, न कि विभिन्न क्षेत्रों में किए गए निवेश से। 'फोर्ब्स' की वर्ष 2010 की सबसे धनी भारतीयों की सूची देखकर आप समझ सकते हैं : मुकेश अंबानी, जिन्होंने अपनी 27 अरब डॉलर की संपत्ति तेल और पेट्रो

केमिकल्स से बनाई। एल.एन. मित्तल 26 अरब डॉलर की संपत्ति के साथ उनके निकट ही दूसरे स्थान पर रहे। उन्होंने इस्पात क्षेत्र पर साम्राज्य स्थापित किया। 17 अरब डॉलर की संपत्तिवाले अजीम प्रेमजी ने विरासत में मिले उपभोक्ता उत्पादों के छोटे से व्यापार के बदले सूचना प्रौद्योगिकी व्यावसाय कर तीसरा स्थान पाया। हालाँकि, अपेक्षाकृत विविधता वाले व्यापार करके रुइया बंधु 15 अरब डॉलर की संपत्ति के साथ चौथे स्थान पर रहे। पाँचवाँ स्थान पाने वाले जिंदल परिवार का 14.5 अरब डॉलर का साम्राज्य इस्पात व ऊर्जा उद्योग की बुनियाद पर बना।

उपर्युक्त विश्लेषण से स्पष्ट है कि इनमें से किसी ने भी वास्तविक विविधीकरण नहीं किया। रुइया बंधुओं के अलावा सबकी संपत्ति एक या दो क्षेत्रों से ही आई। अगर आप शीर्ष 25 की सूची देखें तो वहाँ भी यही बात साबित होती है। उनमें से कुछ ही मानक 'विविधीकरण परीक्षण' में खरे उतरेंगे।

सक्रिय सौदे करने के जोखिम

सूझ-बूझवाले निवेशक को जिस तरह विभिन्न क्षेत्रों में निवेश से उम्मीद से कम परिणाम मिलते हैं, उसी तरह सक्रियता के साथ सौदे करने से भी लाभ कम होता है। वॉरेन बफे कहते हैं, ''वाल स्ट्रीट सक्रिय रहकर अपनी कमाई करता है। आप निष्क्रिय रहकर कमाएँ।''

मैं सोचता हूँ कि इसके दो कारण हो सकते हैं। एक तो यह कि सक्रिय सौदों में दलाली तथा दूसरे खर्चे आपका लाभ घटा देते हैं। सूझ-बूझवाला निवेशक जानता है कि उसने अच्छा सौदा किया है। इसलिए उसे बेचकर दूसरा खरीदने की जरूरत नहीं है।

दूसरा सौदे करते रहने की मानसिकता का मतलब है कि आप

बाजार की खबरों और भावनाओं से आकर्षित होते हैं। आपको बिना माँगे लगातार सूचनाएँ, भविष्यवाणियाँ और शेयरों के बारे में सुझाव मिलते रहेंगे। ऐसे में उपयोगी सूचना और व्यर्थ के शोर-शराबे में भेद करना बहुत कठिन हो जाता है। अत: आपको इनसे दूर रहना सीखना होगा। अगर आप वॉरेन बफे की तरह अच्छे व्यावसाय में पैसा लगा रहे हैं और वास्तव में शेयर बाजार पर आश्रित नहीं हैं तो बेहतर है शेयर बाजार की गहमागहमी से दूर रहा जाए।

चक्रवृद्धि के लाभ

बेंजामिन ग्राहम का एक और बड़ा सरल लेकिन अकसर नजरंदाज किया जाने वाला बिंदु है—चक्रवृद्धि की क्षमता को समझना। हममें से अधिकांश सोचते हैं कि लाभ में थोड़ा सा अंतर दैनिक जीवन का एक हिस्सा है। अत: हम उसकी उपेक्षा कर देते हैं। लेकिन सचाई यह है कि लाभ के ये छोटे अंतर जब दशकों में चक्रवृद्धि दर से बढ़ते हैं तो अंतर बहुत बड़ा हो जाता है।

वॉरेन बफे का बर्कशायर हैथवे का अधिग्रहण करने के बाद से कंपनी का औसत लाभ 23 प्रतिशत सालाना रहा है। अगर आपने वॉरेन बफे के साथ सन् 1970 में 100 डॉलर का निवेश किया होता तो आज आपके पास लगभग 395,000 डॉलर होते। अगर आप वॉरेन बफे जैसे सिद्धहस्त न होते पर खुद को लगभग उनके जैसा ही समझते और 20 प्रतिशत वार्षिक लाभ कमाते तो आपके पास 147,000 डॉलर होते यानी बफे के साथ निवेश करनेवालों की तुलना में लगभग आधा होता। मेरे खयाल से इस अवसर को खो देने के कारण आप निराश हैं। बहरहाल अगर आपने उससे पाँच साल बाद भी निवेश किया होता तो वॉरेन बफे

के निवेशकों के अपने 100 डॉलर मूलधन के 282 डॉलर बन गए होते जबकि आपने 249 बनाए होते। यह बात ज्यादा परेशान करने वाली न होती। जब तक कि आप दीर्घकाल में होनेवाली चक्रवृद्धि के महत्त्व पर पूरी गंभीरता से नहीं सोचते तो लाभ में थोड़ा अंतर बड़ी बात नहीं लगती। लेकिन दीर्घकाल में 3 प्रतिशत लाभ का अंतर भी बहुत बड़ी रकम बना देता है।

चक्रवृद्धि के चमत्कार के अनेक निहितार्थ हैं। आप इन्हें अपनी सोच में शामिल कर सकते हैं। पहली बात तो यह कि अपने लाभ के अवसरों को अधिकतम करने के लिए सदा पर्याप्त तैयारी करें। छोटी गलतियों का कम समय में विशेष पता नहीं चलता, लेकिन दशकों में जाकर ये बहुत बड़ा अंतर बनाती हैं। दूसरी बात यह कि उन छोटे खर्चों के बारे में सोचें, जो आपके लाभ को कम कर देते हैं। अगर आप शेयर बाजार में लेन-देन करते रहते हैं तो दलाली की लागत आपका लाभ कम कर देती है। जब लाभ का हरेक प्रतिशत पाइंट महत्त्व रखता है तो दलाली की लागत, चाहे वह कितनी ही कम क्यों न प्रतीत होती हो, दीर्घ अवधि में लाभ को काफी कम कर सकती है और करती भी है। सौदों की व्यापार नीति के दौरान आप जो कर देते हैं, उनके बारे में भी यही सच है। तीसरी बात यह कि एक छोटी सी हानि भी संपूर्ण लाभ को कम कर सकती है और दीर्घ काल में आपके सकल लाभ पर इसका असर पड़ता है। वॉरेन बफे केवल संयोगवश ऐसा नहीं कहते : ''नियम एक, कभी धन की हानि नहीं होने दें। नियम दो, नियम एक को कभी न भूलें।'' इसलिए अगर आप धनहानि कर लेते हैं तो इस नुकसान को पूरा करना और सारे पोर्टफोलियो से अच्छा लाभ कमाना असंभव लक्ष्य के समान हो जाता है।

निवेशक का स्वभाव

अंतिम महत्त्वपूर्ण बात जो मेरी समझ में आई वह यह है कि आपको अपने स्वभाव की पूरी जानकारी होनी चाहिए। कोई भी निवेश करने से पहले आपको अपनी मजबूती, कमजोरी और पंसद, नापसंद का भान होना चाहिए। क्या आप किसी कंपनी का विस्तार से विश्लेषण करने को तैयार हैं ? या फिर आप केवल बड़े नाम या उत्पाद का अनुसरण करेंगे, जिसे आप निंजी तौर पर पसंद करते हैं ? 80 और 90 के दशक में निवेश का सर्वश्रेष्ठ कीर्तिमान रखनेवालों में एक प्रख्यात निवेशक पीटर लिंच कहते हैं कि आम आदमी इसकी अच्छी समझ विकसित कर लेता है कि कौन से उत्पाद अच्छे हैं। अत: अनुमान लगा लेता है कि कौन सी कंपनियाँ लाभदायक हो सकती हैं। यह अच्छी शुरुआत है। लेकिन बहुत कम लोग किसी कंपनी का विस्तार से विश्लेषण करने के लिए इसे शुरुआत के तौर पर इस्तेमाल करते हैं। वे उत्पाद की अपनी पसंद और नापसंद के आधार पर निवेश के निष्कर्ष निकालने लग जाते हैं।

आज यह बात बहुतों को पता है और लगभग एक चुटकुला बन चुका है कि बहुत से लोगों ने amazon.com के शेयर इसलिए खरीदे क्योंकि उन्हें यह वेबसाइट बहुत पसंद थी। वे इस जाहिरा बात को नहीं समझ पाए कि शेयर का भाव बहुत ऊँचा है। समय बड़ा निर्दयी होता है। सन् 2000 में प्रौद्योगिकी क्षेत्र का गुब्बारा फूटने के बाद इस शेयर को उसने 85 प्रतिशत नीचे लाकर रख दिया। अमेजन अभी भी एक बहुत अच्छी वेबसाइट थी। लेकिन उसके शेयर अच्छा लाभ देने वाले साबित न हुए।

क्या आप आने वाली तेजी का अनुसरण करने को लालायित रहते हैं ? हममें से अधिकांश बाजार भावना से प्रभावित हो जाते हैं। आपको सतर्कतापूर्वक भेड़चाल की प्रवृत्ति पर अंकुश लगाना होगा। भले ही

थोड़ी अवधि के लिए ऐसा लगे कि आपने अवसर खो दिया है। जैसाकि वॉरेन बफे कहते हैं: ''शेयर बाजार में आमराय से उपजी खुशफहमी की आप बहुत बड़ी कीमत चुकाते हैं।''

किसी ने मुझे एक प्रमुख वैश्विक सुरक्षा फंड (कंपनियों में निवेश) का भारत-पोर्टफोलियो दिखाया। उन्होंने मुझसे ग्राहम और बफे के दृष्टिकोण से इसपर टिप्पणी करने को कहा। मैंने नई दिल्ली के दो प्रमुख निवेशकों से भी इसके बारे में चर्चा की। पोर्टफोलियो का विवरण दिए बिना मैं यहाँ बताना चाहता हूँ कि सुरक्षा फंड ने निजी व सार्वजनिक आधारभूत क्षेत्र की कंपनियों के समूह में बहुत ऊँचे मूल्यों पर निवेश किया था। एक मामले में तो ये लाभ के 50 गुना ऊँचे थे। उन्होंने एक बीमार कंपनी में भी निवेश कर डाला था। जहाँ मूल्यांकन कम प्रतीत हुआ था। लेकिन इस कम मूल्यांकन का एक कारण भी था। कंपनी काफी समय से बुरी आर्थिक स्थिति से गुजर रही थी और उसने न केवल अपनी निवल संपदा का ह्रास कर लिया था बल्कि बाजार में अपनी स्थिति भी समाप्त कर ली थी।

कहने की आवश्यकता नहीं कि तीन वर्षों के बाद जब इस सुरक्षा फंड के प्रबंधकों ने अपने भारत-पोर्टफोलियो का पुनरीक्षण किया तो उन्हें उसके निष्पादन से गहरा झटका लगा। लेकिन यह समझने के बजाय कि उनके अपने स्वभाव और निवेश-शैली ने इस घातक परिणाम तक पहुँचाया है, लगता है कि उन्होंने इसका सारा दोष भारतीय शेयर बाजार को ही दिया। उन्होंने संभवत: स्वयं से कहा कि भारतीय शेयर बाजार बड़ा अस्थिर है और यह निवेश करने लायक नहीं। इससे तो ऊँची दर पर भारतीय कंपनियों को मध्यम आकार के ऋण देना बेहतर होगा। लेकिन जैसाकि समय के साथ सिद्ध हो गया। समस्या भारतीय

शेयर बाजार नहीं, उनका अंधाधुंध निवेश का तरीका था। जैसेकि उन्होंने तेजी पकड़ती अद्यतन आधारतंत्र की कंपनियों और उन बीमार कंपनियों के शेयर खरीद लिये थे, जिनका मूल्यांकन भ्रामक था। उनका ऋण और बांडों में निवेश भी उतना ही अविचारित था।

अंत में पर्याप्त पीड़ा और वित्तीय हानि के बाद उन्होंने अपनी भारतीय टीम से मुक्ति पा ली और भारत से अपना बोरिया-बिस्तर समेट लिया। बेंजामिन ग्राहम को पढ़ने के बाद मुझ जैसे नौसिखिए को भी यह स्पष्ट हो जाता है कि अगर वे निवेश-शैली पर गौर करके और उनके खुद के परिणाम जो प्रतिसूचना दे रहे थे, उसके अनुरूप खुद को सुधार लेते तो करोड़ों डॉलर की हानि से बच सकते थे। जैसा कि मेरे पिता कहते हैं, ''यदि आप रोमांच की तलाश में हैं, तो उसे पाने के सस्ते रास्ते भी हैं।''

सिद्धांतों को अपनाना

वॉरेन बफे की उन्नति यह भी बताती है कि उन्होंने अपनी निवेश शैली को इस तरह ढाला कि वह बेंजामिन ग्राहम की शिक्षा से आगे निकल गई। हालाँकि उन्होंने ग्राहम के संकीर्ण एवं अनुशासित मूल्य-निवेश दर्शन का अनुसरण करते हुए उल्लेखनीय सफलता पाई। बफे में कोई बौद्धिक अहंकार या जिसकी यहाँ कल्पना नहीं हो सकती—ऐसी कोई मानसिकता नहीं थी। वे सदा नए विचारों का स्वागत करते थे।

जैसे-जैसे बाजार अधिक कुशल होता गया, बेहतर खरीद-फरोख्त वाले सौदे खोजना कठिन होता गया। चार्ली मंगर ने बफे को ऐसे अवसर दिखाए जो ग्राहम के ढाँचे से बाहर थे, फिर भी लाभदायक परिणाम दे सकते थे। ब्योरेवार आत्मविश्लेषण करने के बाद बफे ने 70 के दशक के आरंभ

में अपनी निवेश शैली में संशोधन किया। अब उन्होंने सशक्त ब्रांड वाली कंपनियों को भी शामिल कर लिया, जिससे उन्हें कमाई की ताकत मिली। इसके अलावा उन्होंने ऐसी कंपनियों को भी शामिल किया, जो तेजी से विकास कर रही थीं, लेकिन विकास पर ज्यादा खर्च नहीं कर रही थीं। इस तरह ये कंपनियाँ अपने निवेशकों को असाधारण लाभ दे रही थीं। पिछले तीन दशकों में अनेक निवेश जो कोका कोला से लेकर रिंग्ले से अमेरिकन एक्सप्रेस से मिड अमेरिकन एनर्जी से लेकर बर्मिंगटन नार्दन सांता फे आदि में किए—गए इस तरह की मानसिकता को परिलक्षित कर रहे थे।

बफे विदेशों में निवेश के अनिच्छुक रहे हैं। उनका तर्क था कि कोका कोला, अमेरिकन एक्सप्रेस और जिलेट जैसी कंपनियों में उनके निवेश उनके पार्टफोलियो को पर्याप्त अंतरराष्ट्रीय पहचान दे रहे हैं। लेकिन जब दुनिया और विकसित होकर वैश्विक रूप से जुड़ गई, तो वॉरेन बफे का भी उसके साथ विकास हुआ। संभवत: फिर चार्ली मंगर से प्रेरणा पाकर उन्होंने इजरायल और चीन में थोड़े-थोड़े निवेश किए हैं, क्योंकि उन्होंने अमेरिका से बाहर बहुत अधिक आर्थिक और धनोपार्जन के अवसर देखे। लेकिन उनका मुख्य निवेश दर्शन, स्वभाव और अनुशासन ज्यों-के-त्यों अपरिवर्तित रहे।

हमारे घर के अध्ययन-कक्ष में बर्ट्रेंड रसल का एक उद्धरण है, जिसमें कहा है, "मानवता के समक्ष अपना अस्तित्व बचाए रखने के लिए आवश्यक अनुशासन और प्रगति के लिए जरूरी अव्यवस्था के बीच संतुलन बनाए रखने की चुनौती है।" कुछ साल पहले थक जाने पर मैं इस उद्धरण की तरफ देख लेता था। अब, जब मैं इसे पढ़ता हूँ, तो मैं वॉरेन बफे के बारे में सोचता हूँ; क्योंकि वे इस संतुलन का मानवीकरण हैं।

□

अच्छे निवेश की खूबियाँ ?

> वस्तुएँ खरीदें, ब्रांड बेचें।
>
> —समीर जैन

कागज का टुकड़ा मात्र नहीं

पहली बात जो वॉरेन बफे आपसे कहना चाहेंगे, वह यह है कि शेयर को किसी व्यवसाय में अपना आंशिक हित समझें, कागज का एक टुकड़ा मात्र नहीं। इसलिए वे आपसे यह भी आग्रह करेंगे कि आप केवल शेयर के बारे में ही जानकारी को नहीं देखें बल्कि उससे जुड़े व्यवसाय को भी देखें। अगर आप एकल रूप में देखें तो किसी शेयर का मूल्यांकन नहीं कर सकते। लेकिन वह समग्र रूप से जिस व्यवसाय का प्रतिनिधित्व करता है, आप उसका मूल्यांकन कर सकते हैं तो किसी शेयर का भी अधिक सरलता से मूल्यांकन कर सकते हैं। उसके बाद आप व्यापार के कुल मूल्य को कंपनी द्वारा जारी कुल शेयरों की संख्या से भाग देकर सरलता से हर शेयर का मूल्य निकाल सकते हैं। हालाँकि इसे अकसर नजर अंदाज कर दिया जाता है। लेकिन यह सरल निर्देशक

सिद्धांत ऐसा मूलभूत ढाँचा है जो आपके निवेश विश्लेषण में बहुत सुधार कर सकता है और शेयर बाजार में नियमित निवेश करनेवाले लोग जो गलतियाँ करते हैं, आपको उनसे बचा सकता है।

सुरक्षा की गुंजाइश

व्यक्तिगत व्यापार और शेयरों के विश्लेषण के लिए बेंजामिन ग्राहम ने एक सरल व मुख्य आवश्यकता बताई है। चूँकि भविष्यवाणियाँ गलत हो सकती हैं और बाजार में उतार-चढ़ाव आना तय है, इसलिए किसी भी निवेश में सुरक्षा की अच्छी गुंजाइश रखनी चाहिए, ताकि अनिश्चितता की भरपाई हो सके।

सुरक्षा की गुंजाइश का अर्थ यह है कि कोई समझदार निवेशक जिस मूल्य को उचित समझता हो, अदा किया गया मूल्य उससे कम हो। उचित मूल्य और अदा किए गए मूल्य का यह अंतर कठिन समय में सुरक्षा का काम करता है। सबसे बुरे समय में भी यह हानि की आशंकाओं को कम कर देगा तथा सर्वोत्तम समय में यह उच्च लाभ देगा।

ग्राहम का तर्क था कि इस तरह की सुरक्षा की गुंजाइश रखकर हम सफलतापूर्वक निवेश कर सकते हैं। इस तरह के अवसर भी, जैसाकि लोग समझते हैं, उससे कहीं अधिक आते हैं। उनके और वॉरेन बफे के निवेश के रिकॉर्ड इस तथ्य को साबित करते हैं।

दृढ़ मानसिकता

पिछले साल 'विश्व आर्थिक मंच' द्वारा नई दिल्ली में आयोजित एक सम्मेलन में मैंने अपने पिता का भाषण सुना। उन्होंने कहा, ''जब शेयर

बाजार और बॉण्ड बाजार में मतैक्य नहीं हो, सामान्यत: बॉण्ड बाजार सही होते हैं।''

मैंने बाद में उनसे पूछा कि इसका क्या अर्थ है? उन्होंने विश्लेषण करते हुए बताया कि बॉण्ड बाजार में किसी बॉण्ड के सुरक्षित होने और जोखिम को लेकर बहुत कड़े परीक्षण होते हैं। बॉण्ड का मूल्य गणना द्वारा निर्धारित किया जाता है। जबकि शेयर में इस तरह मानकों और अनुशासन का पालन नहीं किया जाता।

शेयर बाजार देखने में बड़े वैज्ञानिक तरीके से भावी कमाई की भविष्यवाणी करने की कोशिश करते हैं, हालाँकि सच्चाई यह है कि उनके पास ऐसा सही भविष्यवाणी करने की कोई प्रामाणिक दक्षता नहीं होती। फलस्वरूप कई मदें, जिनको लोग तथ्य समझते हैं दरअसल राय ही होती हैं। अत: निष्कर्ष और मूल्यांकन काफी हद तक मनमाने और बाजार धारणा से प्रभावित होते हैं, न कि किसी ठोस साक्ष्य से।

बॉण्ड बाजार में विश्लेषण कहीं अधिक कठोर, तथ्य आधारित और पूर्व प्रदर्शन पर आधारित होता है। हालाँकि बॉण्ड बाजार में भी गलतियाँ हो सकती हैं, लेकिन उसकी संभावना कम होती है और वे छोटी होती हैं। मनमाना शब्द एक बार और बेंजामिन ग्राहम के इस विवरण में आया कि किस तरह शेयर बाजार बॉण्ड बाजार की तुलना में शेयर का मूल्य निर्धारण करते हैं और किस तरह बॉण्ड बाजार अधिक वैज्ञानिक होता है। मेरी राय में बॉण्ड बाजार की तरह की दृढ़ मानसिकता अपनाना शेयर बाजार के लिए बेहतर होगा।

मोल-भाव की तलाश

निवेश के बारे में बेंजामिन ग्राहम का केंद्रित और संकीर्ण दृष्टिकोण

था। संभवत: यह दृष्टिकोण उनके सक्रिय दिनों की बाजार की परिस्थितियों के कारण बना। उनकी दृष्टि में अकसर ऐसी कंपनियाँ होती हैं जिनका मूल्यांकन उनकी कार्यशील पूँजी या उसके पास नकदी और उसके निवेश के पोर्टफोलियो के योग से कम होता है। ये अचूक सौदे होते हैं।

'बर्कशायर हैथवे' इसका एक उत्कृष्ट उदाहरण है कि बफे ने ग्राहम की शिक्षा का कैसे उपयोग किया! इसे हम पहले भी स्पष्ट कर चुके हैं लेकिन कई और भी थे। बफे ने आरंभिक दिनों में 'सैनबॉर्न मैप' कंपनी में निवेश किया था, जिसे उन्होंने 45 डॉलर प्रति शेयर के भाव पर खरीदा था। आप मानें या न मानें कंपनी का एक निवेश पोर्टफोलियो था, जिसका मूल्य 65 डॉलर प्रति शेयर था। इसका अर्थ यह था कि अगर आप पूरी कंपनी खरीद लें और उसके अस्थाई निवेश को बेच डालें तो आपने कंपनी के लिए जो कीमत अदा की है, उससे अधिक मुनाफा कमा लेंगे। इतना ही नहीं, बचा हुआ लाभदायक मानचित्रों का व्यापार भी मुफ्त मिलेगा।

एक बढ़िया सौदा? बेशक! तो क्या बाजार मूर्ख है? जी हाँ! जब बाजार की स्थितियाँ कठिन हों तो ऐसे अवसर खूब मिलते हैं। लेकिन बाजार की सामान्य स्थितियों में भी यह संभव है? क्या आप इसमें बड़ी धनराशि लगा सकते हैं? जी हाँ, वॉरेन बफे ने ऐसा करके अरबों डॉलर कमाए हैं। क्या ऐसे अवसर इतने आकर्षक हो सकते हैं कि सच न हों? नहीं, बशर्ते आप सब चीजों का वस्तुनिष्ठ विश्लेषण करें। क्या ऐसे अवसरों की प्रतीक्षा करनी चाहिए? जरूर।

मेरे चाचा चैतन्य डालमिया ने यहाँ भारत में ही ऐसे अवसर ढूँढ़ निकाले हैं। वर्ष 2003 के अंतिम महीनों में रीयल एस्टेट कंपनी 'यूनीटेक' का बाजार मूल्य 5 करोड़ डॉलर था। वह 40 प्रतिशत खाता मूल्य पर 4 के अनुपात से 'प्राइस टू अर्निंग' (पी.ई.) पर कारोबार कर रही थी। इसका

कर्ज और इक्विटी का अनुपात 0.8 था जो उपयुक्त था। इसका खाता मूल्य भी कम कर दिखाया गया था। बात यह थी कि यदि परिसीमन तथा अन्य नियामकीय मुद्दों के कारण इसकी बहुत सी परिसंपत्तियाँ जमीन न होकर उन संबद्ध, कंपनियों को दी गई अग्रिम राशियों में थीं, जिनके पास भूमि का स्वामित्व था। और इसका जो अंतिम मूल्य बढ़ता उसका लाभ यूनिटेक को होता हालाँकि यहीं कई शेयरधारक संशय में पड़ सकते थे। चैतन्य डालमिया ने उसमें अच्छा सौदा देखा, जहाँ दूसरों को संभवतः सबकुछ गड्ड-मड्ड लग रहा था। उन्होंने कंपनी की 2 प्रतिशत से अधिक हिस्सेदारी खरीद ली। अगले पाँच वर्षों में उन शेयरों के दाम 200 गुना बढ़ गए। अगले चार वर्षों में वे समय-समय पर इन्हें बेचते रहे और अपने निवेश का लगभग 20 गुना कमाया। अगर वे वर्ष 2010 तक रुके रहते और अपने शेयरों के साथ अनुगमन करते, तो भी सात वर्षों में निवेश का लगभग 32 गुना कमा लेते। यह निवेश ग्राहम की शैली की तरह किया गया था, और यह उसके बाद के शेयरों के बड़े लाभ और हानि से निरपेक्ष रहा।

आप सोचते होंगे कि इस तरह के सौदे कभी-कभार नसीब होते हैं। मैंने भी ऐसा ही सोचा था। लेकिन संजय बक्शी ने, जो वित्त के प्रोफेसर, सुरक्षा फंड के प्रबंधक और भारत में वारेन बफे के अत्यंत उत्साही अनुयायियों में से हैं, मुझे बताया कि ऐसे अवसर समय-समय पर उपलब्ध रहते हैं। जिस प्रकार वर्ष 2003 के अंतिम महीनों में 'यूनीटेक' एक ऐसा सौदा था, वर्ष 2008 के अंतिम महीनों में एच.टी.एम.टी. सॉल्यूशंस भी वैसा ही था। एच.टी.एम.टी. भारत से बाहर के लिए कॉल सेंटर के व्यवसाय में है। वर्ष 2008 के अंत में इसका राजस्व 14 करोड़ डॉलर और 13000 कर्मचारी थे। इतना ही नहीं, कंपनी की आय पिछले पाँच साल से 47 प्रतिशत की दर से बढ़ रही थी। उसका परिचालन मार्जिन

41 प्रतिशत था। उसके पास 9.4 करोड डॉलर की नकदी थी और किसी प्रकार का कोई ऋण नहीं था। आप मानें या न मानें, उसका बाजार मूल्य, उसके पास जो नकदी थी, उससे भी कम था। दूसरे शब्दों में, वॉरेन बफे के 'बर्कशायर हैथवे' में निवेश की तरह ही उसका परिचालित व्यापार मुफ्त में मिल रहा था।

दूसरा सवाल जो आपके मन में कौंध रहा होगा, जैसाकि मेरे मन में भी आया था, वह यह कि एच.टी.एम.टी. ऐसी कंपनी है जिसके बारे में कभी सुना ही नहीं। क्या इस तरह के सौदे सिर्फ अज्ञात कंपनियों में ही मिलते हैं? संजय बक्शी का विश्लेषण इसके विपरीत है। दिल्ली को उसके दक्षिण-पूर्वी उपनगर नोएडा से जोड़नेवाले पुल का निर्माण नोएडा टोल ब्रिज कंपनी ने किया। वर्ष 2009 की शुरुआत में इस पर 101,000 कारों की आवाजाही थी। यह पिछले पाँच सालों से 25 प्रतिशत की दर से बढ़ रही थी, उसकी 1.5 करोड़ डॉलर प्रतिवर्ष की आय थी और संचालन मार्जिन 75 प्रतिशत था, क्योंकि संचालन लागत नाममात्र ही थी। बाजार ने पुल का संचालन और देखरेख करने वाली इस कंपनी की कीमत उसकी आय की नौ गुना आँकी थी। यह उसके खाता मूल्य के लगभग ही थी। लेकिन इस खाता मूल्य में वह 99 एकड़ खाली जमीन शामिल नहीं की गई थी, जो कंपनी को दिल्ली व नोएडा नगर प्रशासन से मुफ्त में मिली थी। कंपनी को मुद्रास्फीति की दर के आधार पर चुंगी बढ़ाने का अधिकार था। राजमार्ग पर लगे विज्ञापन-पटों से उसे पर्याप्त विज्ञापन-आय भी थी। यह अपनी समस्त यातायात क्षमता के 45 प्रतिशत पर संचालित थी। यातायात बढ़ जाने पर होने वाली अतिरिक्त आय कंपनी के लिए शुद्ध लाभ होता।

यदि आपने नोएडा टोल ब्रिज कंपनी में वर्ष 2009 के शुरू में निवेश किया होता तो आज आपने लगभग 50 प्रतिशत कमा लिया होता। हालाँकि

यह मुंबई स्टॉक एक्सचेंज सूचकांक की उपलब्धि से कम रहता। आप सोचेंगे कि बाजार के साथ न चल पाने के बावजूद यह शेयर अच्छा सौदा कैसे था? मैंने संजय बक्शी के साथ एक बार फिर विश्लेषण किया और स्टॉक उपलब्धि से इसकी तुलना की। मैं इस निष्कर्ष पर पहुँचा कि हालाँकि इसके शेयरों की उपलब्धि पिछले दो वर्षों में बहुत बढ़िया नहीं रही, लेकिन इसके शेयरों के दाम दीर्घ अवधि में इसकी आधारभूत उपलब्धि को परिलक्षित करेंगे। दरअसल ये शेयर आज भी मुनाफे का सौदा हैं।

भविष्यवाणी की समस्याएँ

माना कि भविष्यवाणी भी कुछ हैं, बेंजामिन ग्राहम और वॉरेन बफे आपको बताते हैं कि इनपर न जाएँ। एक साथ इतने परिवर्तनशील तत्त्व लागू रहते हैं कि इस तरह की भविष्यवाणी बेमानी हो जाती हैं। इस तरह की भविष्यवाणी में छोटी गलतियाँ भी दीर्घकाल में चक्रवृद्धि दर से बढ़कर मूल्यांकन में बहुत बड़ा अंतर पैदा कर सकती हैं।

एक काल्पनिक उदाहरण लेते हैं। मान लीजिए कि एक कंपनी ने इस साल 100 डॉलर का मुनाफा कमाया। आपने अनुमान लगाया कि भविष्य में इसका मुनाफा 15 प्रतिशत प्रतिवर्ष की दर से बढ़ेगा। भारतीय शेयर बाजार सूचकांक जिनसे निर्मित है, उसकी ऐसी अधिकतर कंपनियों के लाभ की वार्षिक वृद्धि दर अनेक विश्लेषकों की भविष्यवाणी के अनुरूप इतनी होगी। अगर कंपनी की उपलब्धि इस आशा के अनुरूप होती है तो 15 वर्षों में इसका मुनाफा बढ़कर लगभग 815 डॉलर हो जाएगा। लेकिन माँग की मात्रा, कीमतों, मुद्रास्फीति, मजदूर हड़ताल की संभावना तथा अन्य आए दिन की चुनौतियों की अनिश्चितता के चलते मुनाफे की वृद्धि का 15 प्रतिशत से गिरकर 12 प्रतिशत हो जाना कोई बड़ी बात नहीं। वॉरेन बफे

जैसा कोई सूझ-बूझवाला प्रेक्षक 12 प्रतिशत की स्थिति पर भी अवश्य विचार करेगा। अगर लाभ 12 प्रतिशत प्रतिवर्ष की दर से बढ़े तो 15 साल में यह लगभग 550 डॉलर होगा। लाभ की वृद्धि-दर में यह छोटा सा अंतर 15 वर्ष में चक्रवृद्धि दर से बढ़ने का अर्थ होगा कि लाभ का स्तर 33 प्रतिशत कम होगा, जो साधारण अंतर नहीं।

अब इस बात पर विचार करते हैं कि 15 साल में बाजार इस कंपनी का क्या मूल्यांकन करेगा? यदि लाभ पिछले डेढ़ दशक में 15 प्रतिशत की दर से बढ़ रहा होगा तो यह कहना समुचित होगा कि बाजार कंपनी को 20 प्रतिशत कमाई वाली आँकेगा—यानी 16,300 डॉलर। लेकिन अगर पिछले डेढ़ दशक में लाभ 15 प्रतिशत की दर से बढ़ेगा तो बाजार इसकी कमाई को 15 प्रतिशत के गुणकों में आँकेगा, न कि 20 प्रतिशत के गुणकों में। 15 वें साल में बाजार कंपनी को 8250 डॉलर पर रखेगा, यानी पहले वाले मूल्यांकन से लगभग आधे पर।

इससे हमें यह पता चलता है कि जटिल अन्योन्याश्रित विश्व में, छोटी चीजें बड़ा अंतर ला देती हैं और हम किसी भविष्यवाणी में सभी छोटी चीजों का समावेश नहीं कर सकते। फिर भी ये भविष्यवाणियाँ इतनी आकर्षक होती हैं कि ये हमें विश्वसनीय मानने को विवश कर देती हैं।

वित्तीय-विवरण विश्लेषण से अंतर्दृष्टियाँ

भविष्यवाणियों पर निर्भर रहने की बजाय, बेंजामिन ग्राहम इतिहास पर एक नजर डालेंगे—यानी व्यवसाय की पिछली उपलब्धियों पर, ताकि कंपनी का मूल्यांकन कर सकें। वे कंपनी के वित्तीय-विवरण का गहन विश्लेषण करेंगे। पिछले दस वर्षों की वित्तीय स्थिति का अवलोकन कर उन्हें बहुत कुछ पता चलेगा। यह कंपनी कैसा कारोबार कर रही है? यह

कैसा विकास कर रही है? यह किन समस्याओं का सामना कर रही है? भविष्य में इसे किन समस्याओं का सामना करना पड़ सकता है? ग्राहक इसके उत्पादों को कितना पसंद करते हैं? कंपनी में मूल्य-निर्धारण शक्ति कितनी है? कंपनी मंदी झेलने में कितनी समर्थ है? इसका प्रबंधन कितना कुशल है? इन सब प्रश्नों के समुचित उत्तर वित्तीय आँकड़ों पर नजर डालने से मिल जाते हैं, जैसेकि बिक्री के आँकड़ों की प्रवृत्ति, प्राप्तियाँ और बट्टे खाते, सकल प्रॉफिट-मार्जिन, नियोजित कार्यकारी पूँजी और व्यवसाय के आकार का अनुपात, ऋण-इक्विटी अनुपात, लाभांश नीति, कंपनी के कर्मियों द्वारा माल की खरीद-बिक्री आदि। बहुत से मुद्दे, जिन्हें लोग विश्लेषणात्मक समझते हैं, उनके उत्तर उबाऊ बहीखाते तथा वित्तीय सूचनाओं में मिल जाते हैं।

किसी कंपनी के प्रबंधन की गुणवत्ता का अधिक विश्वसनीयता के साथ निर्धारण इससे हो जाता है कि कितनी बार वह अपने बजट के अनुरूप चलती है और किसी प्रमाणित फॉर्मूले का कितना पालन कर पाती है। उसे देखकर इसका निर्णय कमोबेश विश्वसनीयता से हो सकता है। फलस्वरूप मेरे चाचा चैतन्य डालमिया सार्वजनिक रूप से बताए गए शेयर के भावों पर निवेश करते हैं। वे कभी प्रबंधकों से नहीं मिलते, लेकिन कंपनी की पिछली उपलब्धियों से इसका आकलन अवश्य करते हैं।

चैतन्य डालमिया आगे कहते हैं कि प्रबंधन का ध्यान किसी व्यवसाय के निर्माण पर केंद्रित होना चाहिए, न कि शेयर बाजार को संकेत देने पर। जो प्रबंधन टीमें निवेशक समुदाय पर बहुत अधिक ध्यान केंद्रित करती हैं, वे संभवत: अपनी कंपनी को जरूरत से अधिक बढ़ावा देती हैं। इसके अलावा अच्छी प्रबंधन टीमें भी अपनी कंपनी के अच्छे भविष्य के पूर्वाग्रह से ग्रस्त होती हैं; क्योंकि वे सफल होती हैं इसलिए उनकी प्रवृत्ति आशावादी

होती है। फलत: वे बाहरी दुनिया से संवाद के दौरान संभावित समस्याओं पर कम ध्यान देती हैं। भले ही उसमें उनका कोई छद्म प्रयोजन न हो। यह किसी निवेशक की राय को प्रभावित कर सकता है।

यदि आप जानना चाहते हैं कि प्रबंधन ईमानदार है और अपने शेयरधारकों का ध्यान रख रहा है तो आप इसका पता वित्तीय विवरण से भी लगा सकते हैं। उदाहरण के लिए अगर उसमें बहुत सी पूर्व-प्रविष्टियाँ हैं, या साल-दर-साल के विवरणों में विशेष खर्चे दिखाए गए हैं तो इसका अर्थ संभवत: यह है कि प्रबंधन टीम संभवत: हिसाब में हेराफेरी कर रही है और निवेशकों के प्रति पारदर्शी नहीं है। इसके अलावा प्रबंधन को दिए जा रहे शेयरों के विकल्प के भाव निरंतर कम किए जा रहे हैं तो इसका अर्थ है कि वह शेयरधारकों की कीमत पर पैसा कमाने की कोशिश कर रही है। प्रबंधकों के साथ आप कितनी भी चर्चा कर लें, तब भी आपको उतनी जानकारी नहीं मिलेगी, जितनी कुछ घंटों तक वित्तीय विवरण का अध्ययन करने से मिलेगी।

कोई उद्योग कितना आकर्षक है, इसका पता बिक्री में बढ़त और कमाई की स्थिरता को देखकर लगाया जा सकता है। वॉरेन बफे ऐसे उद्योगों और व्यवसायों को पंसद करते हैं जिनका संचालन सरल हो और जिनकी प्रौद्योगिकी में कम-से-कम परिवर्तन करने की आवश्यकता पड़ती हो। सन् 2000 में शेयरधारकों को लिखे अपने पत्र में, जब 'नव अर्थ व्यवस्था' और 'नव मीडिया' बहुत लोकप्रिय शब्द बन चुके थे, वॉरेन बफे ने बड़े गर्व से अपने हालिया निवेश के बारे में कहा, "हमने भावी शती का आरंभ ईंट, कालीन, रोधन और रंग-रोगन जैसे अधिक लाभदायक उद्योगों में प्रवेश से किया है। अपने रोमांच पर नियंत्रण रखने का प्रयास करें।" स्पष्टत: बफे का नव-अर्थतंत्र में लाभ कमाने के मंत्र पुरानी-दुनिया के उद्योग थे।

आज की दुनिया में जब भविष्यवाणी बहुत कठिन है, उबाऊ उद्योग जीवन को आसान बना देते हैं। प्रतिभा के लिए जबरदस्त प्रतिस्पर्धा के इस संसार में अकसर उबाऊ उद्योगों का संचालन आसान होता है।

मालिक की आय और उसका प्रभाव

वॉरेन बफे किसी व्यवसाय विशेष की मजबूती का आकलन करने के लिए दो अवधारणाओं का प्रयोग करते हैं। पहली को वे 'मालिक की कमाई' कहते हैं। यह भारत के पुराने मारवाड़ी परिवारों की 'पड़ता पद्धति' से बहुत हटकर नहीं है। यह उसके समतुल्य है जिसे मेरी बहन अपनी वार्टन स्नातक की वित्त-कक्षा में 'नकदी का मुक्त प्रवाह' कहेगी। 'मालिक की आय' निवल लाभ और मूल्यह्रास जैसी सैद्धांतिक लागत ऋण पूँजीगत खर्च है। दूसरे शब्दों में, यह वह धन है जो शेयर धारकों को व्यापार से प्रयोग के लिए मिलता है। जाहिर है कि मालिक की कमाई जितनी अधिक होगी, वह व्यवसाय निवेश के लिए उतना ही बेहतर होगा।

दूसरी अवधारणा, जिस पर वॉरेन बफे ध्यान केंद्रित करना चाहेंगे वह लिवरेज या उठान शक्ति है। यह उधार से उपलब्ध होती है। वॉरेन बफे उस व्यापार को तरजीह देते हैं, जो बिना बहुत अधिक कर्ज के इक्विटी पर उचित लाभ दे। जोखिम का सीधा संबंध उधार लेने से है। अगर दो व्यापार एक जैसा लाभ कमाते हैं और पहले व्यापार की लिवरेज कम है तो उनकी समझ बताती है कि वह श्रेष्ठ है।

फिर भी हैरानी है कि कैसे लोग इस बात पर ध्यान नहीं दे पाते। वर्ष 2008 की आर्थिक मंदी के दौर में मैंने समाचार पत्रों में पढ़ा कि बड़े अंतरराष्ट्रीय बैंक और वित्तीय संस्थान अपनी इक्विटी का 50 गुना तक उधार ले रहे हैं! पहला सवाल जो मेरे मन में कौंधा वह था : यह कौन था, जो

इतनी कम इक्विटी पर इतना बड़ा उधार दे रहा था? उधार देनेवाले क्यों नहीं समझ रहे थे कि वे बहुत अधिक रकम उधार में दे रहे हैं, और हो सकता है उनके ऋण चुकाए न जा सकें? शेयरधारक इतना अधिक उधार क्यों ले रहे थे, जो उनके व्यापार को तबाह कर सकता था? इससे भी महत्त्वपूर्ण बात जो मैं समझता था, वह यह थी कि अच्छे वक्तों में लिवरेज से लाभ बढ़ता है लेकिन बुरे दौर में तो व्यापार का विनाश कर सकता है।

माधव धर बड़े सफल निवेशक हैं। वे अत्यंत सफल अंतरराष्ट्रीय निवेश बैंक के इतिहास में सबसे कम आयु के प्रबंध निदेशकों में रहे हैं। उन्होंने बहुत से बाजारों में निवेश किए हैं और अत्यंत निकटता से देखा है कि उच्च ऋण कितने दुखदायी होते हैं। उन्होंने मुझे समझाते हुए कहा कि वर्ष 2008 तक की शेयर बाजार में तेजी के दौर में सब यह मान बैठे थे कि अचल संपत्ति के भाव निरंतर बढ़ते ही रहेंगे। फलस्वरूप बैंक ऐसे ऋणों और बॉण्डों में निवेश करते रहे, जो प्रत्यक्ष या परोक्ष रूप से अचल संपत्ति से संबंधित थे। इनमें से कई निवेश सामान्य ऋण न होकर जटिल दस्तावेज थे, जिनका मूल्य अचल संपत्ति के मूल्य पर निर्भर था। इसके बाद अपनी बारी में ऋणदाता इन बैंकों को ऋण देते चले गए। उनका विचार था कि बैंकों ने जिन बॉण्डों में निवेश किया हुआ है, वे चट्टान की तरह ठोस थे और उनका मूल्य केवल बढ़ना ही था।

इन परिसंपत्तियों की कीमत बाजार भाव से आँकी गई थी। दूसरे शब्दों में इनका वह मूल्य आँका गया था जितना अन्य बैंक उनके लिए देने को तैयार थे। जैसा कि बाद में वॉरेन बफे ने स्पष्ट किया कि इन परिसंपत्तियों का मूल्य कल्पित आधार पर आँका गया था; क्योंकि प्राय: इन परिसंपत्तियों का कोई बाजार भाव था ही नहीं। फिर भी लोगों ने उनका मोल इस आधार पर आँका कि उनका मूल्यांकन उनके वित्तीय मॉडल के आधार पर

सिद्धांततः किस तरह किया जाना चाहिए। कहने की आवश्यकता नहीं कि जिस तरह भविष्यवाणी भ्रम पैदा करती हैं, इन परिष्कृत वित्तीय मॉडलों ने भी वैसा ही किया। उस समय के तेजी के परिवेश में बैंकों के निवेश का गंभीरतापूर्वक अतिमूल्यांकन किया गया। जैसे-जैसे समय बीतता गया, बैंकों को ऋण देनेवाले उन्हें बहुत अधिक धन उधार देते गए। कारण कि वे इस विशाल और तेजी से बढ़ते परिसंपत्ति आधार को अपनी सुरक्षा समझ रहे थे। मुझे माधव धर ने बताया कि बैंक आमतौर पर अपनी इक्विटी का 10 से 15 गुना तक ऋण लेते हैं; लेकिन वे कई मामलों में 30 और कुछ मामलों में 50 गुना तक उधार लेने में सफल रहे।

कुछ देर के लिए तो 'कल्पना आधारित परिसंपत्तियों' की बिना पर उधार की बहुत कम लागत के कारण लाभ अति उत्तम रहे। लेकिन बाजार में थोड़े उलटफेर का नतीजा यह हुआ कि उच्च लिवरेजवाले बैंक दिवालिया होने की स्थिति में आ गए। 6 महीने के अंदर सिटी बैंक के शेयर 99.5 प्रतिशत नीचे चले गए। डच बैंक और एच.एस.बी.सी. का भी ऐसा ही हाल हुआ। अमेरिकी सरकार को सिटी बैंक सरीखे बैंकों को इस संकट से उबारना पड़ा। फलस्वरूप वे सरकारी नियंत्रणवाले बैंक बन गए।

जे.पी. मॉर्गन बैंक ठोस और मजबूत बना रहा; वजह यह कि उसने इतनी बड़ी उधार धनराशि के साथ यह खेल खेलने से इनकार कर दिया था। बाजार में तेजी के दिनों में जे.पी. मॉर्गन के शेयरधारक सोचते होंगे कि यह भी दूसरों की तरह सारी दुनिया को क्यों नहीं जीत रहा है? लेकिन बाद की परीक्षा ने दिखा दिया कि लिवरेज रहित, अनुशासित जे.पी. मॉर्गन अंततः इस खेल में विजयी रहा। आज यह सर्वाधिक सफल व्यावसायिक और निवेश बैंक है।

ऋण सचमुच दुधारी तलवार है। अच्छे वक्तों में यह प्रबंधकों को

प्रतिभाशाली दिख सकता है, लेकिन इसी ऋण के कारण बुरे वक्तों में उनको अपनी नौकरियों से हाथ भी धोना पड़ सकता है। इसी कारण बेंजामिन ग्राहम की सलाह है कि किसी अच्छे प्रबंधन को अधिक ऋण के बिना समुचित धन कमाने में कुशल होना चाहिए। ऊँचे स्तर के ऋण की मदद से गंदे तरीके से ताबड़-तोड़ पैसा कमाना कितना ही आकर्षक क्यों न लगे, वे इस व्यापार-नीति का कभी समर्थन नहीं करेंगे।

ई.बी.आई.डी.टी.ए. और आर.ओ.सी.ई. को समझना

बेंजामिन ग्राहम का अनुसरण करनेवाले जेसन वेग ने 'दी इंटेलिजेंट इनवेस्टर' का नया संस्करण लिखा है। उनका कहना है कि परंपरागत वित्तीय विशेषताएँ, जिनका कि विश्लेषक प्रयोग करते हैं, उनको गुमराह कर सकती हैं। अपने विवरण में उन्होंने मालिक की कमाई और लिवरेज की धारणाओं से आगे की बात की है। इस संदर्भ में उन्होंने दो नए और उच्चारण में कठिन शब्दों ई.बी.आई.डी.टी.ए. और आर.ओ.सी.ई. का प्रयोग किया है। मेरे जैसे नौसिखिए के लिए तो अवधारणा के रूप में ये और भी कठिन हैं।

कुछ दिनों बाद मैंने अपने पिता से पूछा कि आखिर इस रॉकेट विज्ञान का मतलब क्या है ? जो कुछ मैंने समझा, वह यह यानी ई.बी.आई.डी.टी.ए. था, "अर्निंग्स बिफोर इंटरेस्ट, डेप्रीसिएशन टैक्सेज एंड एडजस्टमेंट्स।" यह किसी भी व्यवसाय के मुख्य संचालन से होने वाला लाभ था। यह पैट या "प्रॉफिट आफ्टर टैक्स" से भिन्न था, जिसका कि अधिकतर विश्लेषक प्रयोग करना पसंद करते हैं।

मैंने और मेरे कुछ मित्रों ने पिछले साल बही-खाता और वित्तीय विवरण को कैसे समझा जाता है, इसके बारे में मेरे पिता के कार्यालय में कुछ कक्षाओं में भाग लिया था। इसलिए मेरे पिता क्या कह रहे थे, उसकी

अवधारणा को मैं समझ रहा था। मैं समझ गया कि एक सशक्त ई.बी.आई.डी.टी.ए. सदा एक सशक्त 'पैट' देगा। अगर कंपनी का ई.बी.आई.डी.टी.ए. सशक्त है और किसी अपरिहार्य कारणों से उसने बहुत अधिक अल्पकालीन ऋण ले लिया है तो इक्विटी डालने से ऋण अदायगी की समस्या आसानी से हल की जा सकती है।

मैंने यह भी समझा कि आर.ओ.सी.ई. 'रिटर्न ऑन कैपिटल एम्लॉयड' है। यानी कोई कंपनी इक्विटी और ऋण स्रोतों से उपलब्ध कुल प्रयुक्त धन से कितना लाभ कमाती है। सशक्त आर.ओ.सी.ई. अच्छे निवेश के लिए एक पूर्व-शर्त है। आर.ओ.सी.ई. यह मापने का पैमाना है कि किसी व्यवसाय का संचालन कितनी कुशलता से हो रहा है। लोग अकसर आर.ओ.ई. या 'रिटर्न ऑन इक्विटी' देखते हैं। जो गुमराह कर सकती है। एक औसत दर्जे का आर.ओ.सी.ई. ऋण की कम लागत के कारण अच्छा आर.ओ.ई. दिखा सकता है। सशक्त आर.ओ.ई. का अर्थ यह होता है कि कंपनी जितने धन का उपयोग कर रही है, उसके अनुपात में उसका लाभ का मार्जिन अच्छा है। यह निश्चय ही एक सशक्त आर.ओ.सी.ई. प्रदान करेगा। जबकि सशक्त आर.ओ.ई. का अर्थ हमेशा यह नहीं हो सकता कि व्यवसाय का सशक्त संचालन हो रहा है। कुछ मामलों में संचालन मध्यम दर्जे का हो सकता है, उसका आर.ओ.सी.ई. अपेक्षाकृत निम्न स्तर का हो सकता है। इसके बावजूद आर.ओ.ई. निवेशकों को इस भ्रम में डाल सकता है कि वे विश्वास कर लें कि व्यवसाय सशक्त है।

पिताजी के साथ मेरी चर्चा से बफे के वित्तीय विवरण को भली-भाँति समझने का महत्त्व और भी मजबूत हुआ। अब मेरे पास दो नई अवधारणाएँ थीं—ई.बी.आई.डी.टी.ए. और आर.ओ.सी.ई.। ये सामान्य वित्तीय विश्लेषण की अपेक्षा किसी कंपनी के प्रमुख व्यवसाय का बेहतर मूल्यांकन करने

में सहायक सिद्ध हो सकती थीं। उसके बाद मेरे पिता ने मुझे एक पुस्तक 'हाउ टू रीड ए बैलेंस शीट' दी। यह पुस्तक अंतरराष्ट्रीय श्रम कार्यालय, जिनेवा द्वारा प्रायोजित है। यह आम लोगों के लिए लेखा की धारणाओं की सहज-सरल व्याख्या करती है। मैं आजकल इसका अध्ययन कर रहा हूँ।

वित्तीय विवरण पर टिप्पणियाँ

वित्तीय विवरण के बारे में बेंजामिन ग्राहम एक और बात कहते हैं, वह है : वित्तीय विवरण की टिप्पणियों को ध्यान से पढ़ें। उनका कहना है कि हैरानी की बात यह है कि इन टिप्पणियों में कितनी मूल्यवान जानकारी होती है, फिर भी बहुत कम लोग इन्हें विस्तार से पढ़ते हैं।

ये टिप्पणियाँ आपको बता सकती हैं कि शेयर के विकल्प और वारंट किस तरह दूसरे शेयरधारकों की कमाई को कम कर सकते हैं। इनका बड़ा जबरदस्त प्रस्ताव होता है, फिर भी इनका संपूर्ण विश्लेषण नहीं किया जाता। इसी तरह से इन टिप्पणियों में कंपनियों द्वारा किए गए पहले के खर्च और समायोजन की व्याख्या मिलती है। अगर आप टिप्पणियों को पढ़ें तो आसानी से समझ सकते हैं कि ये वास्तविक पहले के खर्च हैं या लेखा की बाजीगरी है। 'इंटेलिजेंट इनवेस्टर' में विस्तार से बताया गया है कि आप वित्तीय विवरण और टिप्पणियों को ब्योरेवार कैसे पढ़ें, ताकि सारी तसवीर साफ हो जाए।

90 के दशक के अंत में एनरॉन और वर्ल्डकॉम में जो लेखा-घोटाला हुआ था, मैं उसपर जेसन वेग की टिप्पणी पढ़ रहा था। उनका कहना था कि 40 के दशक में ग्राहम ने जो अंतर्दृष्टि प्रदान की थी, यदि निवेशकों ने उसका अनुसरण करते हुए वित्तीय विवरण को ध्यान से पढ़ा होता, तो घोटाले का पता चलने से बरसों पहले ही खतरे का पता चल जाता। हालाँकि

ऐसा लगता है कि इन कंपनियों को लेकर उत्साह इतना मजबूत था कि निवेशकों ने कठिन प्रश्न पूछे ही नहीं। उन्होंने अनुशासन की अवहेलना की और शेयर बाजार में जोरदार तेजी को देखते हुए वित्तीय विवरण का बॉण्ड सदृश ब्योरेवार विश्लेषण नहीं किया।

अतिरिक्त नकदी का विवरण

वॉरेन बफे उन कंपनियों को वरीयता देते जो अपनी विवेकानुसार उपयोग में न आने वाली नकदी का वितरण करती हैं। उनके विचार में अकसर कंपनियाँ नकदी का वितरण करने के बजाय अपने पास रखे रहती हैं। हालाँकि उनके पास इस बात का कोई समुचित अनुमान नहीं होता कि वे इसका उपयोग अपने व्यवसाय को बढ़ाने में कैसे करेंगी!

कभी-कभी तथाकथित संस्थागत अनिवार्यता अपनी भूमिका अदा करती है। भरपूर नकदी होने पर अच्छी कंपनियाँ भी उसका समझदारी से उपयोग करने का अनुशासन खो बैठती हैं। वे आय-वृद्धि, लाभ-वृद्धि, बाजार में अपने हिस्से के पीछे लग जाती हैं, बजाय इसके कि नियोजित निवेश पर होने वाली आय पर ध्यान केंद्रित करें, जिसकी अंततः शेयरधारक इच्छा रखते हैं। इसलिए वे उन कंपनियों को वरीयता देते हैं जो अपनी आय के संदर्भ में उच्च लाभांश देती हैं।

विरोधाभास यह है कि 'बर्कशायर हैथवे' किसी प्रकार के लाभांश का कतई वितरण नहीं करती। वॉरेन बफे का मानना है कि उनकी कंपनी अपने धन को बेहतर तरीके से कई गुना बढ़ा सकती है।

किले और खाइयाँ

ग्राहम बफे अकसर ठोस बाजार स्थितियों वाले व्यवसायों का, जिनमें

कि वे निवेश करना पसंद करते हैं, वर्णन करने के लिए किले और खाइयों के रूपक का इस्तेमाल करते हैं। उनका कहना है, "मेरे लिए सबसे महत्त्वपूर्ण बात यह पता लगाना होता है किसी व्यापार के गिर्द कितनी बड़ी सुरक्षात्मक खाई है। कोई बड़ा सा किला हो और उसके चारों ओर मगरमच्छों से भरी बड़ी सी सुरक्षा खाई हो।" उनकी राय में व्यवसाय की विशेषताएँ प्रबंधकों की कुशलता से कहीं अधिक महत्त्व रखती हैं। अंत में वह कहते हैं, "प्रबंधन का एक अच्छा लेखा-जोखा, जिसका आकलन आर्थिक लाभ से किया गया हो, वह है कि जिस व्यवसाय की नौका में आप सवार हुए हैं, इसकी तुलना में कहीं अधिक महत्त्व रखता है कि उसे कितनी कुशलता से आप खे रहे हैं।" यह उन्होंने बर्कशायर के कपड़ा व्यवसाय से सीखा, जहाँ प्रबंधन ने नाव को अधिक-से-अधिक परिश्रम से खेने का प्रयास किया लेकिन भाग्य ने साथ नहीं दिया। अंतत उन्हें वह व्यापार बंद करना पड़ा।

जिन उद्योगों में वे निवेश करते हैं, बफे उनकी विशेषताओं पर बहुत ध्यान देते हैं—उनमें लाभ कमाना कितना सरल है और उस उद्योग में उच्च लाभ कितने सतत रहेंगे। उन्हें वृद्धि की चिंता कम रहती है, लाभदायक निवेश का उनका फार्मूला बड़ा सरल है—पूँजी की कम आवश्यकता, नकदी का मुक्त प्रवाह जो वृद्धि के लिए धन उपलब्ध करा सके और वितरित किया जा सके। वे इन्हें 'फ्रेंचाइजी व्यवसाय' कहते हैं।

सुरक्षा खाइयों के रूप में ब्रांड

वॉरेन बफे को प्रमुख ब्रांड बहुत प्रिय हैं। कोकाकोला को अपने स्थान से डिगाना बड़ा मुश्किल है। हालाँकि पेप्सी ऐसा करती है, फिर भी कोई तीसरा प्रतिस्पर्धी नहीं है। अत: कोकाकोला लाभ कमाती रहेगी। जिलेट दैनिक उपयोग का ब्रांड है और लोग रोज नहीं सोचते कि किस रेजर या

ब्लेड का प्रयोग किया जाए। वे अपने जाने-पहचाने उत्पाद का प्रयोग करते रहते हैं और कंपनी के लिए मानो नोट छापते रहते हैं। जिलेट निरंतर उन्नत उत्पाद प्रस्तुत करता रहता है और उपभोक्ताओं को अधिक खर्च करने को प्रेरित करता रहता है। इसी तरह रिंगले का च्यूइंगम का व्यवसाय बहुत स्थिर है। उसमें बहुत अच्छी गुंजाइश और वृद्धि की संभावनाएँ हैं। अमेरिकन एक्सप्रेस पर भी यही बात लागू होती है।

अगर आप एक क्विज प्रतियोगिता आयोजित करें और आम लोगों से पेय व्यवसाय, शेविंग उत्पाद व्यवसाय, च्यूइंगम व्यवसाय और क्रेडिट कार्ड व्यवसाय में सर्वाधिक लोकप्रिय कंपनियों के नाम बताने को कहें तो कोकाकोला, जिलेट, रिंगले और अमेरिकन एक्सप्रेस के नाम अधिकांश सूचियों के शीर्ष पर होंगे। यह संयोग लगता है ? मेरे विचार में नहीं। मेरे विचार में यह वॉरेन बफे की सुनियोजित योजना के कार्यान्वयन का परिणाम है। ये कंपनियाँ सबकी नजरों के सामने थीं। फिर भी बफे ने ही देखा कि वे निवेश के लिए क्यों असाधारण हो सकती हैं!

उन्होंने बड़े सौदे किए। उन्होंने कोकाकोला की 8.5 प्रतिशत और अमेरिकन एक्सप्रेस की 13 प्रतिशत हिस्सेदारी खरीद ली। 'बर्कशायर हैथवे' के 30 सितंबर, 2010 के वित्तीय विवरण के अनुसार उनका कोका कोला, अमेरिकन एक्सप्रेस और प्राक्टर एंड गैंबल (जिसने जिलेट को शेयरों की अदला-बदली में खरीद लिया था) में हिस्सा 22 अरब डॉलर से अधिक मूल्य का था, जबकि उन्होंने इस हिस्से के लिए 7 अरब डॉलर से कुछ कम का ही भुगतान किया था। दशकों तक उन्होंने पर्याप्त लाभांश भी कमाए थे। वाकई बड़े किले, उनमें चारों ओर मगरमच्छों से भरी सुरक्षा खाइयाँ!

ब्रांडों के बारे में पढ़ते समय मैं उनका संबंध अपने चाचा चैतन्य डालमिया के टाटा चाय (अब टाटा ग्लोबल बेवरिज) में निवेश से जोड़

सका। इसने एक उत्पाद चाय व्यवसाय से एक ब्रांड चाय कंपनी में अपना रूपांतरण कर लिया था। पिछले दशक में इसने चाय की नीलामी में चाय की बड़ी खेपें बेचने के बजाय ब्रांडेड चाय का कारोबार आरंभ किया। इसने 'टीटले टी' का अधिग्रहण कर लिया, जो विश्व के सबसे बड़े चाय ब्रांडों में एक है। इसका आर.ओ.सी.ई. वर्ष 2001 के 10 प्रतिशत से बढ़कर अब 30 प्रतिशत की श्रेणी में आ गया है। तद्नुरूप उसी अवधि में उसकी शेयरपूँजी भी सात गुना बढ़ गई। इसका पी./ई. अनुपात ऊँचा प्रतीत हो सकता है, लेकिन ऐसा उसके लेखा रखने के तरीके की वजह से है। वास्तविकता में अगर सही लेखा समायोजन किए जाएँ तो इस कंपनी का पी./ई. अनुपात ऊँचा भी अपने समकक्षों से कम ही है। इसके अलावा कंपनी के खातों में बहुत नकदी है, जिसके कारण यह आज भी एक आकर्षक निवेश है। चूँकि यह एक संपूर्ण उपभोक्ता कंपनी बन गई है और निवेशक इसकी कमाई की सामर्थ्य को पहचान रहे हैं, इसके शेयरों में काफी उछाल आना चाहिए।

आशीष धवन के 'पिडिलाइट इंडस्ट्रीज' में निवेश करने के मामले में इससे भिन्न किस्म की सुरक्षा खाई थी। यह कंपनी लोकप्रिय 'फेवीकोल-ब्रांड' के गोंद (एडहेसिव) बनाती है। भारतीय बाजार में इसका 75 प्रतिशत हिस्सा और ईर्ष्या करने लायक वितरण-संजाल है। इसी तरह संजय बक्शी ने 'हॉकिंस' को पहचाना। इस कंपनी का रसोई के बरतनों के व्यापार, विशेष रूप से प्रेशर कुकर में दबदबा है और इसने भारतीय गृहिणियों के मानस में विशेष स्थान बना लिया है। इसका उत्तर भारत के बाजार में 40 प्रतिशत का जबरदस्त हिस्सा है और यह अपने प्रतिस्पर्धी 'प्रेस्टीज' के साथ आरंभ से अपना कारोबार बाजार में दो कंपनियों के अधिकार वाली स्थिति यानी ड्योपाली (Duopoly) में चला रही है, जहाँ बाकी सब प्रतिस्पर्धी कंपनियाँ

बहुत छोटी और महत्त्वहीन हैं। तो फिर इन सब कंपनियों में साझा क्या है? बाजार में सशक्त उपस्थिति, व्यापार संचालन में ऊँची गुंजाइश, उच्च आर.ओ.सी.ई. के बावजूद समुचित मूल्यांकन, क्योंकि ये मध्यम आकार की कंपनियाँ हैं और अभी तक निवेशकों का झुकाव इनकी ओर नहीं हुआ है।

एक और कंपनी, जिसका ब्रांड मुझे बहुत सशक्त लगता है, वह है 'पंजाब नेशनल बैंक'। यह भारत का दूसरे नंबर का सबसे बड़ा बैंक है। देश के 765 शहरों में इसकी 5000 से अधिक शाखाएँ और 3.7 करोड़ ग्राहक हैं। प्रसंगवश मेरे दादाजी ने मुझे बताया कि उनके पिता और चाचा इस बैंक के राष्ट्रीयकरण से पूर्व इसके नियंत्रक शेयरधारक थे। अगर आप किसी ब्रांड के बारे में एक नाम ही नहीं बल्कि नाम और वितरण-संजाल के तौर पर सोचें तो 'पंजाब नेशनल बैंक' को एक परंपरागत, सशक्त, सुविधाजनक, विश्वसनीय, यहाँ तक कि उबाऊ व्यवसाय के तौर पर पाएँगे। यही कारण है कि इसका जमा का आधार पिछले कई वर्षों से 18 प्रतिशत प्रतिवर्ष की दर से बढ़ रहा है। 'पंजाब नेशनल बैंक' ने पहली बार वर्ष 2002 में अपने शेयर जारी किए थे। मेरे चाचा चैतन्य डालमिया ने इस सार्वजनिक पेशकश के दौरान इसमें निवेश किया। उन्होंने मुझे समझाया कि बैंकों के शेयरों का मूल्यांकन कमाई में कई गुना करने के आधार पर नहीं बल्कि खाता-मूल्य कई गुना बढ़ाने से किया जाता है। इसका कारण यह है कि सार्वजनिक क्षेत्र की कंपनियों की शेयर बाजारों में बहुत अधिक साख नहीं है। 'पंजाब नेशनल बैंक' ने अपने शेयर लगभग खाता-मूल्य पर पेश किए थे। तब से इसके शेयरों का मूल्य 30 गुना तक बढ़ चुका है और कंपनी ने इस दौरान बड़ा अच्छा लाभांश दिया है। चूँकि मुझे पहली बार इस तथ्य की जानकारी मिली थी, मैं बहुत जोश में आ गया था।

बहरहाल, वॉरेन बफे को आत्मसात करने के बाद मैंने समझा कि रोमांचित होने वाली बात यह थी कि 'पंजाब नेशनल बैंक' ने प्रति शेयर अपना खाता शेयर मूल्य पिछले आठ सालों में लगभग 20 गुना बढ़ाया था। मूल्य में होने वाला यह लाभ इसी तथ्य का उप-उत्पाद था। भारत सरकार के स्वामित्ववाले किलों के लिए भी ब्रांड 'रक्षक खाइयों' का काम करते हैं।

रक्षक खाइयाँ

वॉरेन बफे की एक और रक्षक खाई है—व्यापार में सतत् कम लागत। ब्रांडेड उपभोक्ता उत्पादों की तुलना में उत्पादकृत निर्माण एवं बीमा उत्पादों के बारे में उनका ज्ञान और अनुभव कहीं अधिक था। कुल मिलाकर 'बर्कशायर हैथवे' के पास 70 से अधिक अमेरिकी एवं अंतरराष्ट्रीय बीमा कंपनियों का स्वामित्व है। ये 'बर्कशायर हैथवे' के विकास की इंजन रही हैं। इनकी रणनीति लागत में निरंतर कमी करते रहने की रही है।

इसके अलावा बीमा कंपनियाँ अपने ग्राहकों से इस वादे के साथ प्रीमियम एकत्र करती हैं कि वे उन्हें किसी घटना-विशेष के घटने पर या फिर एक निश्चित समय पर भुगतान करेंगी। इस प्रकार जो धन बीमा कंपनियाँ एकत्र करती हैं, उसे 'फ्लोट' कहते हैं। 2009 के अंत में 'बर्कशायर हैथवे' के बीमा व्यवसाय के पास कुल 62 अरब डॉलर का 'फ्लोट' था। यह बिना ब्याज का धन 'बर्कशायर हैथवे' के निवेश मॉडल की प्रमुख और अनोखी विशेषता है।

'फ्लोट' का ऐसा आकर्षण है कि इस क्षेत्र के बहुत से व्यवसायी बड़े जोर-शोर से प्रतिस्पर्धा करते हैं। फलस्वरूप बीमा कंपनियाँ जो प्रीमियम एकत्र करती हैं वह उनके अंततः होने वाले खर्च से दरअसल कम होता है। परिणामस्वरूप उसे वे "अंडर राइटिंग लॉस" कहते हैं। इस उद्योग

में लगे लोग सावधानीपूर्वक इस आशा में यह हानि उठाते हैं कि 'फ्लोट' में कमाई होगी। बीमा व्यवसाय गलत मूल्य-निर्धारण और उच्च लागत के लिए बदनाम है। इसी से प्रीमियम दावे और खर्चों को पूरा करने के लिए अपर्याप्त होते हैं। इसीलिए समग्र रूप से इस उद्योग को कभी बहुत लाभ नहीं हुआ। लेकिन 'बर्कशायर' के बीमा संचालन में इतनी कम लागत और अंडर राइटिंग अनुशासन है कि उन्होंने उद्योग में संलग्न अन्य लोगों की अंडर राइटिंग हानि के स्थान पर वर्ष 2008 में 2.7 अरब डॉलर और 2009 में 1.5 अरब डॉलर का अंडर राइटिंग लाभ कमाया। इसने वॉरेन बफे को अपने चमत्कार दिखाने के लिए 62 अरब डॉलर का 'फ्लोट' दिया। यह मापक्रम ही किफायत, प्रबंधकीय अनुशासन और कम लागत के संचालन की नाटकीय शक्ति है।

'बर्कशायर हैथवे' के अन्य निवेशों में नियमित कंपनियाँ शामिल हैं: 89.5 प्रतिशत हिस्सा 'पिड अमेरिकन एनर्जी होल्डिंग्स' में है। इसके स्वामित्व में बिजली कंपनियाँ हैं, जिसका वह संचालन करती है। इसके अलावा 100 प्रतिशत हिस्सा बर्लिंगटन नॉर्दर्न सांताफे, में हासिल है जो रेल रोड संचालक है। ये व्यवसाय बर्कशायर के विशिष्ट फॉर्मूले के अंतर्गत नहीं आते, जो ऐसी ब्रांडेड कंपनियों का है जो अधिक पूँजी लागत वाली न हों। लेकिन उनका लागत ढाँचा ऐसे कठोर नियंत्रण में है और उनका संचालन भविष्यवाणी करने योग्य होता है कि 'बर्कशायर हैथवे' ने उनमें बड़ी धनराशियाँ लगा दी हैं। सन् 2009 में बर्कशायर ने बर्लिंगटन नॉर्दर्न सांता फे के शेयर खरीदने के लिए 34 अरब डॉलर खर्च कर डाले, क्योंकि उसके पास इस कंपनी का स्वामित्व नहीं था। वॉरेन बफे के लिए इन व्यवसायों की एकाधिकारात्मक प्रकृति तथा पैमाने की मितव्ययिता किसी बड़ी सुरक्षा नहर के मगरमच्छों के समान है।

एकाधिकार की सुरक्षा खाइयाँ

बेंजामिन ग्राहम बिजली ऊर्जा के वितरण और रेलरोड जैसी कंपनियों में निवेश को बढ़ावा देते थे; क्योंकि इन कंपनियों की आमदनी, अपने ग्राहकों से कितना शुल्क ले सकती हैं, इसके नियंत्रण के कारण नियमित होते हुए भी भविष्यवाणी की जा सकती थीं। वॉरेन बफे के उपरोक्त बर्लिंगटन नॉर्दर्न सांता फे और मिड अमेरिकन एनर्जी इस तरह की विनियमित एकाधिकारवाली कंपनियों में निवेश के उदाहरण हैं।

हालाँकि वॉरेन बफे विनियमित एकाधिकारवाली कंपनियों की तलाश के लिए प्रसिद्ध हैं। उनका अस्तित्व उनके व्यवसाय की प्रकृति के कारण बना रहता है। उनके छोटे निवेश का एक क्षेत्र समाचार-पत्र रहा है। उन्होंने 'वाशिंगटन पोस्ट' कंपनी में एक बड़ा हिस्सा खरीदा। उनके सौदे का आधार यह था : लोगों की पढ़ने की आदत जल्दी बदलने वाली नहीं है। इसलिए अगर किसी शहर में आपके पास कोई सबसे अधिक प्रसार वाला समाचार पत्र है तो आपके पास वहाँ एक तरह का एकाधिकार है। बाजार में अग्रणी होने के कारण विज्ञापनदाताओं की वह पहली पसंद होगी। अगर दूसरे नंबर पर जो समाचार पत्र है वह प्रसार संख्या के मामले में करीबी प्रतिस्पर्धी नहीं है तो आपके पास बिना विज्ञापनदाता खोए कीमत बढ़ाने की क्षमता है, चूँकि समाचारपत्र के लिए मुख्य आय प्रसार की बजाए विज्ञापन से आती है, ऐसे में बाजार में प्रमुख स्थिति एकाधिकार जैसी है—यानी लागत में वृद्धि की तुलना में कीमत में ज्यादा वृद्धि करने की क्षमता, प्रतिस्पर्धा के मुकाबले ज्यादा लाभ मार्जिन और पूँजी पर ज्यादा रिटर्न। उसमें बढ़ती लागत की अपेक्षा अधिक भाव बढ़ाने प्रतिस्पर्धियों के मुकाबले लाभ की अधिक गुंजाइश और पूँजी पर अधिक लाभ की क्षमता होती है।

दरअसल जब मैं अपने पिता के एक अन्य रिश्ते के भाई से बात कर

रहा था, जो भारत के सबसे बड़े समाचार-पत्र समूह 'दि टाइम्स ऑफ इंडिया' के मालिक हैं, तो मुझे बताया कि एक नंबर पर जो समाचार पत्र होता है, वह बहुत अधिक लाभ कमाता है। बाकी सब घाटे में रहते हैं। ऐसा इस व्यवसाय की विलक्षण प्रकृति के कारण होता है। इसी के कारण एकाधिकार वाली स्थिति बनती है, जिसमें एक समाचार पत्र तो निर्विवाद रूप से बाजार में अग्रणी होता है और मूल्य-निर्धारण उसके अधिकार में होता है, या फिर द्विअधिकार की स्थिति बनती है, जिसमें एक नंबर वाला दूसरे नंबर वाले से बहुत आगे नहीं होता, लेकिन ये दोनों मिलकर मूल्यनिर्धारण पर अधिकार रखते हैं। 'टाइम्स ऑफ इंडिया' का 80 के दशक के आरंभ में 500,000 डॉलर का एक वर्ष में लाभ देने वाला व्यापार था, जो बढ़कर 12.5 करोड़ डॉलर प्रतिवर्ष का हो गया। इसका कारण यह था कि साक्षरता और उसके साथ पाठक संख्या तेजी से बढ़ी। साथ ही समीर जैन ने मुंबई और दिल्ली में अपनी मजबूत स्थिति का लाभ उठाते हुए तीव्र विक्रय अभियान चलाया। कहने की आवश्यकता नहीं कि ऐसी एकाधिकार वाली स्थितियाँ स्थायी नहीं होतीं। समाचार-पत्रों के मामले में, आय के स्रोत को खतरा हो गया है। पहले यह खतरा टेलीविजन से हुआ और फिर इंटरनेट से। फिर भी 'टाइम्स ऑफ इंडिया' धन-उत्पादन करने की मशीन बनी हुई है।

कई एकाधिकार की स्थितियाँ व्यवसाय में उनकी स्थिति और माल भाड़े की वजह से बनती हैं। इससे भौगोलिक एकाधिकार और लागत-लाभ की अवस्था बनती है। मेरा सीमेंट का पारिवारिक व्यवसाय इसका एक उदाहरण है। अन्य व्यापारों में एकाधिकार वाली स्थिति कच्चे माल पर नियंत्रण से बनती है, जैसाकि ऊर्जा और इस्पात की कई कंपनियों के मामले में है।

सुरक्षा खाइयाँ ईश्वर निर्मित हों या सरकार निर्मित, वे जिस किले के चारों ओर होती हैं, उसकी परिसंपत्तियों की प्रभावी ढंग से रक्षा करती हैं। 'इंद्रप्रस्थ गैस' एक ऐसा उदाहरण है। मैं थोड़ी व्याख्या करना चाहूँगा कि इस सुरक्षा खाई में किस तरह के मगरमच्छ हैं! पहली बात तो यह कि 'इंद्रप्रस्थ गैस' सार्वजनिक परिवहन-बसों और टैक्सियों को संपीडित प्राकृतिक गैस (सी.एन.जी.) की दिल्ली में आपूर्ति करनेवाली एकमात्र कंपनी है। दिल्ली सरकार की 'इंद्रप्रस्थ गैस' में हिस्सेदारी है और उसने इसे यह एकल अधिकार दिया है। दूसरा यह कि दिल्ली महानगर में प्रदूषण के स्तर को कम-से-कम रखने के लिए सरकारी आदेश है कि सार्वजनिक परिवहन केवल सी.एन.जी. का ही प्रयोग करें। तीसरा यह कि कंपनी दिल्ली के घरों में पाइप द्वारा प्राकृतिक गैस की आपूर्ति करनेवाली एकमात्र कंपनी है। प्राकृतिक गैस के प्रयोग का विकल्प एल.पी.जी. (लिक्विफाइड पेट्रोलियम गैस) है जो सिलेंडरों में आती है, या फिर मिट्टी का तेल अथवा दूसरे ईंधन हैं जिनका प्रयोग दुष्कर, खतरनाक और महँगा है। चौथी बात यह कि 'गैस अथॉरिटी ऑफ इंडिया लिमिटेड' और 'भारत पेट्रोलयिम लिमिटेड' की इंद्रप्रस्थ गैस में 35 प्रतिशत हिस्सेदारी है और गैस अथॉरिटी इंद्रप्रस्थ गैस को प्राकृतिक गैस बेचती है। इसलिए यह संयोगमात्र नहीं है कि कंपनी का पिछले अनेक वर्षों से 60-70 प्रतिशत का विस्मयकारी आर.ओ.सी.ई. और 'कमाई' में वृद्धि 17 प्रतिशत रही है। कहने की आवश्यकता नहीं कि इस प्रकार की एकाधिकारवाली स्थितियाँ समय के साथ कमजोर हो सकती हैं और उनके उत्पाद की कीमतों या बुनियादी ढाँचे में हिस्सेदारी के आधार पर वे विनियमित हो सकती हैं। फिर भी यह एक ऐसी कंपनी है जिसके लिए वॉरेन बफे की लार टपक सकती है और वे संभावित निवेश के लिए जिसका गंभीरतापूर्वक मूल्यांकन करना चाहेंगे।

उत्तम सेवा की सुरक्षा खाइयाँ

एक और तत्त्व जिसे वारेन बफे देखना चाहेंगे वह है अनूठी सेवा की संस्कृति जिसे मार्केटिंग के गुरु 'ग्राहक को प्रसन्न करना' कहेंगे। फरनीचर व्यवसाय—नेबरास्का फरनीचर मार्ट, आर.सी. विली होम फर्निशिंग्स, स्टार फरनीचर, जॉर्डंस फरनीचर और कोर्ट फरनीचर रेंटल—इस असाधारण सेवा-श्रेणी में आते हैं। अन्यथा उनके पास प्रतिस्पर्धा के लिए कोई और अनुकूल स्थिति नहीं है। लागत प्रबंधन उनके लिए प्रयुक्त पूँजी पर अच्छा लाभ सुनिश्चित कर देता है।

'सीज कैंडीज और 'डेयरी क्वीन' के लिए भी यही सच है। बुनियादी कपड़ों के व्यवसाय में संलग्न-अंतर्वस्त्रों के सरताज 'फ्रूट ऑफ दी लूज', बच्चों के वस्त्रों की कंपनी 'गारन' और खिलाड़ियों के कपड़ों की कंपनी 'रसेल' भी इसी सिद्धांत का पालन करती हैं।

वॉरेन बफे ने ठीक ही दावा किया है कि ये कंपनियाँ तरक्की करेंगी, क्योंकि ये सीमित वर्ग पर ध्यान केंद्रित करती हैं और अपने ग्राहकों को लुभा सकती हैं। ये व्यापार जिन छोटे किलों का प्रतिनिधित्व करते हैं, ये सेवाएँ उनके लिए सुरक्षा खाइयों का काम करती हैं।

आशीष धवन ने वित्तीय सेवा क्षेत्र में कई लाभदायक निवेश किए हैं। उन्होंने तेजी से विकास करते निजी बैंक एच.डी.एफ.सी. बैंक में सन् 1998 से निवेश किया है। अगर आपने तब इस बैंक में निवेश किया होता तो 12 वर्षों में अपना निवेश 40 गुना कर लिया होता। इसके अलावा इस दौरान लाभांश भी कमाया होता। एच.डी.एफ.सी. बैंक सार्वजनिक क्षेत्र के बैंकों के दबदबे वाले क्षेत्र में अच्छी सेवाओं का उदाहरण पेश करता है, जबकि सार्वजनिक क्षेत्र के बैंक सेवाओं के मामले में और कुशल नहीं हैं। इस नियंत्रित क्षेत्र में नए बैंक के लिए लाइसेंस लेना भी असंभव ही है।

इसकी उत्तम सेवा ने एच.डी.एफ.सी. बैंक को अपने खुदरा ग्राहकों को अनेक उत्पाद व सेवाएँ देने में सक्षम बना दिया है, जिससे उसे अपनी जमा की लागत में लाभ पहुँचा है। आशीष धवन ने मुझे समझाया कि हालाँकि एच.डी.एफ.सी. बैंक अपने अपेक्षाकृत उच्च मूल्यांकन के कारण ग्राहम और बफे की विशिष्ट शैली में बहुत लाभदायक निवेश-वर्ग में नहीं आता, लेकिन यह 30 प्रतिशत प्रतिवर्ष की दर से विकास कर रहा है और निरंतर अपनी शेयरपूँजी पर 20 प्रतिशत कमा रहा है। यह वॉरेन बफे के लिए जैसा 'वेल्स फार्गो बैंक' था, उसी किस्म का है—अन्यथा एकरस व्यवसाय में उत्तम सेवा की सुरक्षा खाई का उत्कृष्ट उदाहरण।

एक अच्छी कंपनी बनाम एक अच्छा निवेश

कुछ सप्ताह पहले मेरी अपने चाचा चैतन्य डालमिया से बातचीत हुई। हम लोग भारत में आई उपभोक्ता तेजी पर चर्चा कर रहे थे। साथ ही यह भी कि साबुन बनानेवाली कंपनी 'गोदरेज', खुदरा व्यापारी 'पैंटलून' और बहुराष्ट्रीय 'यूनीलिवर' कैसे उससे लाभ उठा रहे हैं। जबकि उन्होंने साधारण व्यवसाय मॉडलों और सुरक्षा खाइयाँ को कई उपभोक्ता उत्पाद व्यवसायों के साथ जोड़ा; पर साथ ही यह भी मुझे समझाया कि एक अच्छी कंपनी कैसे सदा एक अच्छा निवेश नहीं हो सकती।

उन्होंने 'हिंदुस्तान यूनीलिवर' का उदाहरण देते हुए विस्तार से व्याख्या की। यह एक सूचीबद्ध कंपनी है, जिसका संपूर्ण नियंत्रण डच बहुराष्ट्रीय कंपनी यूनीलिवर के पास है। भारत के तेजी से पनपते उपभोक्ता उत्पाद के बाजार में 'हिंदुस्तान यूनीलिवर' निर्विवाद रुप से अग्रणी कंपनी है। इसकी वार्षिक बिक्री 4 अरब डॉलर और कर पश्चात लाभ 50 करोड़ डॉलर का है। इसकी बिक्री 6 से 8 प्रतिशत प्रतिवर्ष की दर से बढ़ रही है, जो

मेरे अनुमान से कम निकली। लेकिन उसका आर.ओ.सी.ई. पिछले साल उल्लेखनीय रूप से 135 प्रतिशत था। निस्संदेह यह एक महान् कंपनी है।

लेकिन यह 30 के पी/ई अनुपात पर कारोबार करती है। बस समस्या की जड़ यही है। सन् 2000 में कंपनी 2 अरब की बिक्री और 116 प्रतिशत आर.ओ.सी.ई. के साथ ऊँचाइयों पर थी। लेकिन इसका पी/ई अनुपात 34 था। अगर तब आपने इसके शेयर खरीदे होते तो पिछले एक दशक में आपने कुल मिलाकर 50 प्रतिशत कमाया होता—यानी आपको वार्षिक चक्रवृद्धि लाभ 3.5 प्रतिशत मिला होता। इसके साथ आप मिलने वाला लाभांश भी जोड़ लें तो पिछले एक दशक में आपका वार्षिक लाभ बढ़कर 6.5 प्रतिशत प्रतिवर्ष हो जाएगा। अगर आपने अपना पैसा 'स्टेट बैंक ऑफ इंडिया' में मियादी जमा में रखा होता तो आपको एक दशक में जो मिलता, यह उससे कम ही है।

तो फिर आप किसी ऐसे व्यापार को कैसे स्वीकार करेंगे, जिसका आर.ओ.सी.ई. 100 प्रतिशत हो और उसके शेयरों में निवेश करने पर आपको 6.5 प्रतिशत वार्षिक लाभ मिले? जवाब मूल्यांकन है। अपनी आमदनी के 35 गुना और लेखा-मूल्य के 20 गुना मूल्यांकनवाली कोई कंपनी भी निम्न कोटि का निवेश हो सकती है।

यह गणित पहले मेरे अंतर्ज्ञान में नहीं था। लेकिन अनेक कंपनियों का विश्लेषण करने के बाद मुझे पता चल गया कि किस प्रकार उच्च मूल्यांकन वाले शेयर भी निवेशक के लाभ को नीचे धकेल सकते हैं! भले ही उनका मूलभूत व्यापार खूब फल-फूल रहा हो! अगर आप सतर्कतापूर्वक इसपर विचार न करें तो किसी मजबूत कंपनी के शेयरों को खरीदने लायक मान लेंगे और जितना वांछित है, उसके अधिक बार उन्हें खरीदेंगे। आप होंडा एकार्ड को मर्सिडीज के दामों में नही खरीदेंगे। आप मर्सिडीज को

फेरारी के दामों पर नहीं खरीदेंगे। आप फेरारी निजी जेट विमान के दामों पर नहीं खरीदेंगे। लेकिन किन्हीं विचित्र कारणों से शेयर बाजार में अकसर ऐसा होता रहता है—असाधारण स्थिति में।

सार-संक्षेप

बेंजामिन ग्राहम और वॉरेन बफे से यह निष्कर्ष निकाल सकते हैं कि सरलता परम पवित्र है और उबाऊ अति सुंदर हो सकता है। वे निवेश के लिए सरल जाँच-परख और वित्तीय परिश्रम करते हैं। ये निवेश—नितांत स्पष्ट कोका कोला से लेकर अदृश्य बर्कशायर रीइंश्योरेंस तक, बड़े परिमाण के विपणन वाली कंपनी 'प्रॉक्टर एंड गैंबल' से बुनियादी उत्पादवाली सीज कैंडीज तक, तेजी से विकसित होती वेस्को फाइनेंशियल से धीमे विकास वाली बर्लिंगटन नॉर्दर्न सांता फे तक, मध्य-पश्चिम के अमेरिका से पूर्व में चीन तक—हो सकते हैं।

इस सभी निवेशों में एक चीज साझी है। मेरे शब्द भंडार में आए दो नए शब्दों—ई.बी.आई.डी.टी.ए. और आर.ओ.सी.ई. के मापदंड के अनुसार—इन कंपनियों का धन कमाने का सशक्त रिकॉर्ड है और यह भी याद रखने की बात है कि जब बाजार ने अवसर दिए, इन सभी कंपनियों का आकर्षक मूल्यांकन पर अधिग्रहण किया गया था।

□

निवेश के बाद क्या करें?

> कई बार आप आगे होते हैं, कई बार पीछे। दौड़ तो लंबी है। आखिर यह दौड़ स्वयं की स्वयं के साथ है।
>
> —वोनेगट

वॉरेन बफे का कहना है, ''मैं 15 प्रतिशत फिलिप फिशर और 85 प्रतिशत बेन ग्राहम हूँ।'' बेंजामिन ग्राहम ने वारेन बफे को सिखाया कि शेयर तभी खरीदो जब वह अपने दीर्घकालीन मूल्य से कम पर बिक रहे हों। फिलिप फिशर ने उनको सिखाया कि जब वे एक बार कोई कंपनी खरीद लें तो उसे लंबे समय तक अपने पास टिकाए रखें और कंपनी की उपलब्धि को निवेश के मूल्य तक आने दें। फिलिप फिशर ने सन् 1955 में मोटरोला को खरीदा था और सन् 2004 में अपने निधन तक उसे अपने पास रखा। वॉरेन बफे फिशर की सलाह के समर्थक हैं।

लंबे समय तक अपने पास रखना

वॉरेन बफे का कहना है कि वे कंपनियाँ इस पूर्वानुमान के साथ

खरीदते हैं कि अगर शेयर बाजार पाँच साल के लिए बंद हो जाए तो भी उन्हें अपने निवेश के लेकर पलक तक झपकनी न पड़े। ऐसी स्थिति में उनको कोई जानकारी न होगी कि उनका निवेश कैसा चल रहा है। लेकिन चूँकि उन्होंने कंपनी का विश्लेषण कर लिया होता है और एक मूलभूत व्यापार में हिस्सेदारी खरीदी होती है, उन्हें निरंतर पता चलता रहेगा कि वास्तविक व्यापार कैसा चल रहा है। अगर व्यापार अच्छा चल रहा है तो वे इस बात की परवाह नहीं करेंगे कि बाजार क्या कहता है, या अगर वह बंद है तो उसने कुछ कहा था या नहीं।

वॉरेन बफे आगे कहते हैं कि लोग मुझे अपने निवेश बहुत अधिक देर तक रखने के लिए गलत कह सकते हैं, लेकिन मुझे ऐसा ही अच्छा लगता है। उनका दावा है, ''कुछ भी कीमत क्यों न हो, बर्कशायर के स्वामित्व में जो भी अच्छा व्यापार है, हमें उसे बेचने में कोई दिलचस्पी नहीं।'' इस बारे में वे इतने हठी शायद इस कारण से हैं कि वे जिस व्यापार में निवेश करते हैं उससे होने वाले लाभ की संभावना में उन्हें पूर्ण विश्वास रहता है। उन्हें इस बात का भी अहसास है कि अच्छे व्यापार को खोजना कितना मुश्किल काम है!

मेरे पिताजी गौरव डालमिया कुछ ऐसे ही दर्शन का अनुसरण करने का प्रयास करते हैं। उन्होंने मुंबई की एक प्रमुख शोध उन्मुख शेयर ब्रोकिंग कंपनी 'पराग पारिख फाइनेंशियल एडवाइजरी सर्विसेज' में निवेश किया। वे लगभग 15 वर्ष इस निवेश पर टिके रहे। उन्होंने इसमें 21 प्रतिशत का वार्षिक लाभ कमाया, जिससे उन्हें अपने मूल निवेश का 15 गुना से अधिक मिला। इस बीच कंपनी में उच्च वृद्धि और नकदी-संकट के दौर भी आए, लेकिन वे टिके रहे; क्योंकि उन्होंने अपने विश्वास के आधार पर निवेश किया था। अंततः उनका

लाभ कंपनी के मुख्य आधारभूत व्यवसाय की उपलब्धि के साथ संलग्न हो गया। शेयर बाजार के चक्र जो कुछ बता रहे थे, उससे वे तनिक भी प्रभावित नहीं हुए।

मेरे पिता अब वित्तीय सेवाओं, अचल संपत्ति और ऊर्जा के संगुट बन चुके 'इंडिया बुल्स' में भी आरंभिक निवेशक रहे हैं। कंपनी ने अपनी शुरुआत एक सामान्य ऑन लाइन शेयर ब्रोकर के तौर पर की थी। फिर इसका रूपांतरण खुदरा शेयर ब्रोकर में हुआ। उसके बाद उसने मार्जिन लेंडिंग तथा उससे संबद्ध उपभोक्ता-ऋण प्रदाता के रूप में बड़े व्यवसाय का प्रसार कर लिया। उसके पश्चात् इसने कंपनी कर्ज वित्त पोषण की कमी को पूरा करने तथा अन्य वित्तीय सेवाओं में अपना विविधीकरण कर लिया। उसके बाद इसने अचल संपत्ति और हाल ही में ऊर्जा के क्षेत्र में विविधीकरण किया है। इस समय 'इंडिया बुल्स' की चार सूचीबद्ध कंपनियों का संयुक्त बाजार-मूल्य 4 अरब डॉलर है। मेरे पिता ने सन् 2000 में इसमें निवेश किया था। सन् 2006 में इसके सफल सार्वजनिक प्रस्ताव के बाद उन्होंने निवेश वापस लिया और अपने निवेश का लगभग 50 गुना कमाया। मेरे पिता ने सोचा था कि कंपनी अच्छी तरक्की कर रही है। यह शेयर बाजार की लोकप्रिय कंपनी बन गई और फलस्वरूप इसके शेयरों के भाव बहुत ऊँचे हो गए। इसकी कहानी में कहीं कोई उर्ध्व पक्ष छूटा नहीं है। उन्होंने भेदिया कारोबार के मुद्दों से बचने के लिए कंपनी के निदेशक मंडल से त्यागपत्र दे दिया और अगले कुछ महीनों में अपने सारे शेयर बेच डाले।

अगर वे अपना निवेश बनाए रखते तो उन्हें वित्तीय सेवाओं के अतिरिक्त अचल संपत्ति और ऊर्जा कंपनियों के शेयर भी प्राप्त होते।

अब के बाजार भाव के आधार पर एक दशक से कुछ अधिक समय में उन्होंने संभवतः अपने निवेश का 150 गुना कमाया होता। शेयर बाजार के विश्लेषकों की इस कंपनी के बारे में मिश्रित राय है। लेकिन मेरे पिता तो इस कंपनी को बहुत अच्छी तरह जानते हैं। अतः वे अब सोचते हैं कि उन्होंने जल्दी ही निवेश वापस ले लिया। एल.एन. मित्तल ने निवेश किया था, अब तक टिके हुए हैं, और वे 150 गुना का शानदार लाभ कमा चुके हैं। जाहिर है कि एल.एन. मित्तल के विश्व के सर्वाधिक धनी लोगों में होने का कारण है—वे दीर्घ अवधि के बारे में सोचते हैं।

अतः जब आपके स्वामित्ववाली किसी कंपनी के शेयर बाजार में बहुत अधिक बढ़ जाएँ तो आपको क्या करना चाहिए? कुछ लोग इस कथित ऊँचे मूल्य पर उन्हें बेच देंगे। वे सोचेंगे कि बाद में भाव कम हो जाने पर दोबारा निवेश कर लेंगे। सैद्धांतिक रूप से यह भले ही ठीक हो, अगर मैंने वॉरेन बफे को ठीक से समझा है तो वे कहेंगे कि बेचने का यह विचार अनेक कारणों से असंगत है।

पहली बात तो यह कि लाभ पर टैक्स लग जाएगा। इसलिए अगर आप दोबारा निवेश कर भी पाए तो कम राशि के साथ निवेश करेंगे, फलस्वरूप आपको लाभ के लिए कम धन उपलब्ध होता। दूसरा यह इस अनुमान पर आधारित है कि आप बाजार के रुख की भविष्यवाणी कर सकते हैं। आप पहले से जान सकते हैं कि आप कब अधिक आकर्षक मूल्य पर फिर से निवेश कर सकते हैं! वास्तविक संसार में यह सत्य नहीं है। इस तरह का बाजार का निश्चित समय बार-बार नहीं आता। यह तो सर्वथा भ्रामक ही होगा। तीसरे, इस बात की कोई गारंटी नहीं है कि आप बिक्री से प्राप्त धन का सूझ-बूझ के

साथ असाधारण अवसर आने पर निवेश कर पाएँगे; क्योंकि ऐसे अवसर कठिनाई से ही प्राप्त होते हैं। चौथे, अगर आज शेयर का मूल्य अधिक भी है और वह संशोधित हो सकता है, तो भी वह संभवतः दीर्घ अवधि से बेहतर लाभ दे सकता है, बनिस्बत इसके कि आप नया अच्छा निवेश खोजें, बशर्ते कि मूलाधार व्यापार अच्छा-खासा है और निवेश पर उत्तम लाभ दे रहा है। दूसरे शब्दों में, दीर्घ अवधि तक निवेश करें और अल्प अवधि की हलचल के आधार पर कदम न उठाएँ पिताश्री, क्या आप मेरी बात सुन रहे हैं?

व्यापार शेयरों को संचालित करता है

वॉरेन बफे जिस आधार वाक्य का अनुसरण करते हैं, वह है, ''यदि कोई व्यापार अच्छा चल रहा है तो शेयर अंततः उसका अनुसरण करेंगे।'' उनके कहने का आशय यह है कि दीर्घ अवधि में शेयर के मूल्य में वृद्धि मुख्य व्यापार के मूल्य में वृद्धि के साथ सशक्त रूप से संबद्ध हो जाएगी, किसी अन्य वस्तु से नहीं। यह दूसरा भाग सबसे महत्त्वपूर्ण है। लघु अवधि में शेयरों का मूल्य अपने समुचित मूल्य या उपलब्धि से आगे निकल सकता है। लेकिन दीर्घ अवधि में शेयर बाजार में उसके भाव का एक ही संचालक होगा—कंपनी की अपनी उपलब्धि। इसलिए वह अपने आधारभूत निवेश के लिए शेयर बाजार के भाव को नहीं देखते। उनके विचार में इससे उनका ध्यान बँट जाता है।

स्वतंत्र प्रबंधन

क्योंकि वॉरेन बफे विश्वास के साथ निवेश करते हैं, इसलिए

निवेश के बाद वे व्यापार और प्रबंधन टीमों को उनका काम करने देते हैं। वे चीनी दार्शनिक लाओत्जू का उदाहरण देते है: "सूझ-बूझवाला नियंत्रण अनियंत्रित या स्वतंत्रता जैसा प्रतीत होता है।" बफे को विश्वास है कि उन्होंने ऐसे व्यापार चुने हैं जिनमें अच्छी आर्थिक विशेषताएँ हैं और कुशल तथा प्रतिबद्ध प्रबंधन टीम है। इसलिए सारे शेयर खरीद लेने पर भी वे प्रबंधकों को अपने-अपने व्यापार मालिकों की तरह चलाने देते हैं।

मालिकों की तरह व्यवहार करने का अवसर पानेवाले मैनेजर व्यापार के संवर्धन और उसे अधिक लाभदायक बनाने के लिए भरसक प्रयास करते हैं। वे न तो उन पर बहुत अधिक पाबंदियाँ लगाते हैं और न ही उनके कार्यकलाप का पुनःआकलन करते हैं। वे बड़ी स्पष्टता से कहते हैं, "हम कुछ खराब फैसलों की प्रत्यक्ष लागत बरदाश्त करना बेहतर समझते हैं, बजाय इसके कि नियंत्रित प्रबंधन के चलते बहुत धीमे लिये गए फैसलों या न लिये गए फैसलों की अप्रत्यक्ष लागत से हानि उठाएँ।"

बफे स्वीकार करते हैं कि जब वे अपने किसी व्यापार में "और मूल्य जोड़ने" का प्रयास करते हैं तो अकसर असफल रहते हैं। सन् 2010 में लिखे अपने पत्रों में उन्होंने देखा कि बीमा कंपनी जी.ई.आई.सी.ओ. में लाखों ग्राहकों को क्रेडिट कार्ड पेश करने में कितनी सहक्रिया थी। जी.ई.आई.सी.ओ. के शीर्ष प्रबंधक इसको लेकर उत्साहित न थे। चूँकि वॉरेन बफे की ख्याति प्रबंधकों से कहीं ज्यादा है, उन्होंने बफे की योजना का अनुसरण किया। फलस्वरूप 9.8 करोड डॉलर के अपेक्षाकृत छोटे पूँजी निवेश में 5 करोड़ डॉलर का नुकसान हुआ। निवेशकों को अपने वार्षिक पत्र में इस घटना की

चर्चा जहाँ वॉरेन बफे की विनम्रता की परिचायक है, वहीं इसमें अच्छे प्रंबधन की शक्ति की झलक भी मिलती है, और यह भी कि अच्छे निवेशकों को क्यों प्रबंधन से दूर ही रहना चाहिए!

वॉरेन बफे लगभग डींग मारते प्रतीत होते हैं जब वे कहते हैं, ''हमारे पास कुछ अनुकूल स्थितियाँ हैं। शायद सबसे बड़ी यह कि हमारी कोई राजनीतिक योजना नहीं है।'' उनका निवेश बाद का यह दृष्टिकोण उनके निवेश-पूर्व के दृष्टिकोण से मेल खाता है कि भविष्यवाणी कठिन होती है। अगर भविष्यवाणी राहत की एक झूठी भावना जगाती है, तो रणनीतिक योजना नियंत्रण की झूठी भावना जगाती है। मेरे विचार मे बफे यह तर्क देना चाहेंगे कि हालाँकि रणनीतिक योजनाएँ किसी व्यापार के लिए अच्छी दिशा-निर्देशक हो सकती हैं, उनपर अधिक बल देने की प्रवृत्ति होती है। इससे उनकी एक अपनी जीवंतता बनती है। नतीजा यह होता है कि मैनेजर अपने से कोई फैसला लेने या मालिकों की तरह अच्छे फैसले लेने लायक नहीं बचते। जब मैंने अपने पिता से यह बात कही तो वे मजाक के लहजे में, लेकिन गंभीरता से बोले, ''मैं समझता हूँ कि मैं जो अपने विभिन्न व्यापारों की रणनीतिक योजनाएँ बनाने में अपना 20 प्रतिशत समय लगाता हूँ, उसका पूर्वमूल्यांकन करना चाहिए।''

यह संयोगमात्र नहीं कि 'बर्कशायर हैथवे' ने अपनी निवल संपत्ति केवल वर्ष 2009 में 21 अरब डॉलर बढ़ा ली और उसका बाजार-मूल्य लगभग 200 अरब डॉलर है, फिर भी ओमाहा में उसके मुख्यालय में केवल 20 लोग हैं। यह वॉरेन बफे के अच्छे व्यापार खरीदने और उन्हें उनके आसरे छोड़ देने की प्रतिबद्धता का परिणाम है।

पूँजी-आवंटन की चुनौतियाँ

वॉरेन बफे का विचार है कि अच्छे व्यापार और शीर्ष प्रबंधकों की बड़ी कमजोरियों में एक यह है कि वे पूँजी-आवंटन में कुशल नहीं होते। कार्यकारी अधिकारी अपना कैरियर मार्केटिंग, इंजीनियरी या वित्त के माध्यम से बनाते हैं और उनमें से कुछ में ही पूँजी-आवंटन के सर्वोत्तम निर्णय लेने की क्षमता होती है। अधिकतर व्यापार बढ़ाना पसंद करते हैं, क्योंकि उन्हें यह विकास का स्वाभाविक मार्ग लगता है। बहुत कम अनुशासित तरीके से यह प्रश्न पूछते हैं कि क्या वृद्धि समुचित है?

इसलिए वॉरेन बफे चाहते हैं कि उनकी विभिन्न कंपनियों के शीर्ष प्रबंधक अपनी सारी अतिरिक्त पूँजी 'बर्कशायर हैथवे' को लौटा दें, जब तक कि उनके पास उस पूँजी का सुपरिभाषित उपयोग न हो। इसका आकलन मार्केटिंग में वृद्धि, प्रतिस्पर्धी की गतिविधियों या अहं के आधार पर नहीं किया जाना चाहिए, बल्कि आर.ओ.सी.ई. जैसी उबाऊ गणनाओं के आधार पर करना चाहिए। बफे इन फैसलों में अपने प्रबंधकों की सहायता करते हैं। साथ ही इस नजरिए से कि बर्कशायर हैथवे को विविध वस्तुओं में अच्छे लाभ के अवसर की निरंतर तलाश रहती है, वे उपलब्ध वैकल्पिक निवेश अवसरों का व्यापक दृष्टिकोण पेश करते हैं। इसी कारण वॉरेन बफे कहते हैं, "मैं अच्छा निवेशक इसलिए हूँ कि मैं व्यापारी हूँ। और मैं अच्छा व्यापारी इसलिए हूँ कि मैं निवेशक हूँ।"

मालिक के लिए नियमावली

अपने सभी शीर्ष प्रबंधकों को वॉरेन बफे एक "मालिक के लिए

नियमावली'' देते हैं। यह थोड़ा दर्शन और थोड़े व्यावहारिक सुझाव होते हैं। जैसीकि उम्मीद की जानी चाहिए, इसमें कुछ सरल दिशा-निर्देश होते हैं—

पहला : वे अपनी बात यह कहते हुए शुरू करते हैं कि हालाँकि 'बर्कशायर हैथवे' एक कंपनी है, लेकिन उनके विचार में यह उसके हजारों शेयरधारकों के साथ साझेदारी है। वे चाहते हैं कि 'बर्कशायर हैथवे' के अंतर्गत जितने व्यापार हैं, उनमें से प्रत्येक का प्रबंधक इन साझेदारों के बारे में सोचे।

दो : उनकी निवल पूँजी का 99 प्रतिशत 'बर्कशायर हैथवे' में है। उनका कहना है, ''हम तभी धन कमाना चाहते हैं, जब हमारे साझेदार भी कमा रहे हों। इसके अलावा जब कभी मैं कुछ नासमझी का काम करूँ, मैं चाहता हूँ कि आपको यह सोचकर कुछ सांत्वना मिलनी चाहिए कि मेरा आर्थिक नुकसान आपके सापेक्ष है।'' वे चाहते हैं कि उनके प्रबंधक मालिकों की तरह व्यवहार करें और साझेदारी के हानि-लाभ के साथ रहें—भले ही जिस व्यापार का वे प्रबंधन करते हैं उसमें उनकी कुल संपत्ति का 99 प्रतिशत न हो।

तीन : बर्कशायर का लक्ष्य अपने व्यापार और शेयर पूँजी के अंतर्भूत मूल्य को अधिकतम सीमा तक बढ़ाना है, न कि लघु अवधि की उपलब्धियों या बाजार में हिस्से या परिमाण की चिंता करना।

चार : बर्कशायर की वरीयता विविधीकृत व्यापार समूह के स्वामित्व में भी है, जो नकदी कमाए और निरंतर लागत-पूँजी पर

औसत से अधिक लाभ दे। हालाँकि वॉरेन बफे स्वीकार करते हैं कि कंपनी के सामने चुनौती है कि जितनी तेजी से वह धनोपार्जन करती है, उतनी ही तेजी से विचार भी उपजाए। पर वे उत्तम लाभ को मुख्य निर्देश मानने के लिए प्रतिबद्ध हैं। वे अपने प्रबंधकों को ऐसा ही करने को कहते हैं।

पाँच : क्योंकि 'बर्कशायर हैथवे' अनेक प्रकार के व्यापारों की एक जटिल इकाई है, यह प्रत्येक व्यापार की आय और वित्तीय जानकारी ऐसी सरल भाषा में शेयरधारकों को देती है, जिसे वे समझ सकें। वे चाहते हैं कि उनके प्रबंधक भी इसी तरह सभी संबद्ध तथ्यों की रिपोर्ट दिया करें—भले ही यह कानूनन जरूरी न हो।

छह : कंपनी ऋण का उपयोग बहुत कम करती है। जब कभी यह ऐसा करती है, यह आमतौर पर नियत दर के दीर्घावधि ऋणों का उपयोग करती है। वॉरेन बफे इस बारे में बहुत सतर्क हैं कि कैसे लीवरेज अच्छे या बुरे को संवर्धित कर देती है। वे दोनों स्थितियों में ही लीवरेज की भूमिका न होना पसंद करेंगे। बर्कशायर अपने संचालित व्यापारों से भी यही अपेक्षा रखती है।

सात : वॉरेन बफे का वादा है कि वे शेयरधारकों की कीमत पर अपने प्रबंधकों की कोई 'माँग सूची' पूरी नहीं करेंगे। इसका अर्थ यह है कि किसी पूर्वकल्पित विचार या मनचाही परियोजना के लिए स्थान नहीं। केवल अनुशासन और वस्तुनिष्ठता। बर्कशायर के स्वामित्ववाली कंपनियों से इसका

पालन करने की अपेक्षा की जाती है।

आठ : कंपनी परिणाम को लेकर अपने इरादों पर नियंत्रण के लिए प्रतिबद्ध है। दीर्घकाल का अर्थ 'कुछ और साल' नहीं होता, जैसाकि माधव धर निवेश के व्यवसाय में संलग्न कुछ लोगों के बारे में मजाक करते हैं। बर्कशायर के प्रबंधक भी अपनी उपलब्धियों को इस पैमाने पर आँकते हैं कि यह धन का इष्टतम उपयोग है या नहीं!

'बर्कशायर हैथवे' की 'मालिक के लिए नियमावली' में और भी कुछ बातें हैं। लेकिन वे इससे संबद्ध नहीं हैं कि किसी निवेश के बाद वॉरेन बफे उसका प्रबंधन कैसे करते हैं, या फिर वे अपने संचालक-प्रबंधकों से क्या अपेक्षा रखते हैं!

प्रबंधन को प्रेरित करना

वॉरेन बफे ऐसे लोगों की तलाश में रहते हैं जो स्वभावत: प्रेरित हों। उनका कहना है, ''अगर हमें कुछ भी पैसा न मिले, तो भी मैं और चार्ली अपनी मजेदार नौकरी से बहुत आनंदित रहेंगे।''

अपनी शीर्ष प्रतिभा को प्रेरित रखने के लिए वे कुछ सरल नियमों का पालन करते हैं। शीर्ष प्रबंधकों को अपने व्यापार में सभी निर्णय लेने की स्वतंत्रता है, जो लोग अच्छा काम करते हैं उन्हें पारितोषिक देने की उनकी उदार प्रोत्साहन योजना है। जबकि बहुत सी कंपनियाँ कंपनी की समग्र उपलब्धि पर कर्मियों को प्रोत्साहन देती हैं, वॉरेन बफे व्यापार या उसके विभाग से सीधे संबद्ध प्रोत्साहन को वरीयता देते हैं, जिसे कोई प्रबंधक चलाता है। वे इन पारितोषिकों को बिक्री में वृद्धि या लाभ में वृद्धि के आधार पर नहीं, बल्कि निवेश-

पूँजी पर होने वाले लाभ पर आधारित करते हैं, जोकि उनका मुख्य मापदंड है।

वॉरेन बफे चाहते हैं कि अगर प्रबंधकों से व्यापार योजनानुसार अच्छा न चले, विशेषत: जब वे मुख्यालय को लौटाने के बजाय अधिक पूँजी का इस्तेमाल कर रहे हों तो वे अपना बोनस जोखिम में डालें। वे प्रबंधकीय प्रदर्शन को हल्के में नहीं लेते। वे पिछले साल की उपलब्धि को न्यूनतम मानक भी नहीं मानते कि प्रबंधकों को प्रोत्साहन राशि पाने के लिए अगले साल उससे आगे बढ़ना अनिवार्य हो। इसका अर्थ यह है कि मैनेजरों को अनावश्यक वृद्धि के लिए प्रयास करने की आवश्यकता नहीं। लेकिन उन्हें यथासंभव अतिरिक्त पूँजी मुख्यालय भेजनी चाहिए।

बफे अपने शीर्ष प्रबंधकों के साथ साझेदार की तरह व्यवहार करते हैं और खुलेआम उनकी प्रशंसा करते हैं। उनका रवैया पुराने जमाने का और मानवीय है। वे उनसे कहते हैं; ''अनुबंध आपके निरंतर हित की गारंटी नहीं, हम तो आपकी बातों पर विश्वास करते हैं।''

वॉरेन बफे अपनी विभिन्न कंपनियों का प्रबंधन कैसे करते हैं, शायद बर्कशायर के स्वामित्ववाली एक कंपनी का मुख्य कार्यकारी अधिकारी इसका सबसे अच्छे शब्दों में वर्णन करता है, ''उनके पास आपको प्रेरित करने का अपना तरीका है। वे आप पर इतना अधिक विश्वास करते हैं कि आपको परिणाम देने ही होते हैं।''

□

शेयर बाजार की कमजोरियों से लाभ उठाने के तरीके?

जिस आदमी को यही पता नहीं है कि वह किस बंदरगाह पर जाने के लिए जहाज चला रहा है, उसके लिए हवा का कोई भी रुख अनुकूल नहीं होता।

—सेनेका

परंपरागत वित्त विशेषज्ञ आपको बताएँगे कि बाजार कुशल हैं। वे बताएँगे कि किसी निवेश से संबंधित सभी तथ्य बाजार की जानकारी में होते हैं और किसी शेयर विशेष का मूल्यांकन करते समय इन कारकों को गणना में लिया जाता है। इसलिए किसी भी शेयर के भाव में बाजार में उपलब्ध समस्त जानकारी का दृष्टिकोण परिलक्षित होता है। फलस्वरूप कोई भी व्यक्तिगत निवेशक इससे अधिक जानकारी रखने का दावा नहीं कर सकता। वह संपूर्ण बाजार की तुलना में बेहतर लाभ नहीं कमा सकता। इसका निहितार्थ यह है कि भले ही व्यक्तिगत निवेशक संयोगवश अल्पावधि में बेहतर मुनाफा कमा लें, उसका लाभ दीर्घ अवधियों में

कमोबेश बाजार का अनुसरण ही करेगा। मार्केट की कुशलता के इस सिद्धांत से बेंजामिन ग्राहम और वॉरेन बफे गंभीर मतभेद प्रकट करेंगे।

मानव आचरण और बाजार की अकुशलता

मैं कल्पना करता हूँ कि ग्राहम और बफे आपको नीचे लिखी बातें बताएँगे। वे आपको बताएँगे कि उपलब्ध तथ्यों की दृष्टि से बाजार भले कुशल हो, उस जानकारी के आधार पर जो विश्लेषण आप करते हैं और निर्णय लेते हैं, उसमें नितांत अकुशल होता है। लोग तथ्यों को चयनात्मक रूप में देखते हैं। मेरे पिता कहते हैं, "लोग प्रायः तर्कशील नहीं होते। वे चीजों को तर्कसम्मत लगने वाला बना लेते हैं।" वे मुझे समझाते हैं कि लोग निजी वरीयता या अधकचरी जानकारी के आधार पर एक दृष्टिकोण की पुष्टि करें। जो तथ्य उसका विरोध करते हैं, उनकी वे उपेक्षा कर देते हैं। मनोवैज्ञानिक इसे 'पुष्टिकारक साक्ष्य' कहते हैं। अतः निर्दोष जानकारी से भरपूर माहौल में भी लोग व्यक्तिनिष्ठ चश्मे का इस्तेमाल करते हुए उसका विश्लेषण करते हैं, जो निर्णय लेने की क्रिया को दोषपूर्ण बना देता है। यही एक ऐसे जगत् को, जिसे कुशल होना चाहिए, अकुशल बनाता है।

आम राय और विशेषज्ञों के विचारों में लोगों की तसल्ली हो जाती है। उनमें कठोर तथ्यों के बजाय इन्हें वरीयता देने की प्रवृत्ति होती है। कारण कि तथ्यों की व्याख्या कठिन होती है जबकि आमराय को हजम करना आसान होता है। वे हाल की घटनाओं पर आवश्यकता से अधिक बल देते हैं और निकट अतीत के आधार पर निष्कर्ष निकालते हैं। जब मैं दोबारा वर्ष 2007 के अंत के बाद से भारतीय शेयर बाजार के शीर्षकों पर नजर डालता हूँ तो उनमें से अधिकांश में कहा गया था कि बाजार

उठ रहा है। इसका कारण यह था कि बाजार इससे पहले शीघ्रता से तेजी पकड़ रहा था। जो थोड़े से विरोधी स्वर थे, वे आशावादिता के शोरगुल में डूब गए। सन् 2008 आते-आते जब शेयर बाजार में थोड़ी सुस्ती आने लगी तो ऊपर-नीचे की भविष्यवाणी करने वाली आवाजों में भी संतुलन आ गया। सन् 2008 के मध्य में जब बाजार में गिरावट आने लगी तो आम राय और यहाँ तक कि तथाकथित विशेषज्ञों की राय इस बात पर जोर देने लगी कि अभी बाजार में और भी सुस्ती आएगी।

मुझ जैसे आवेगहीन और संभवत: अनजान पर्यवेक्षक के लिए भी यह दिलचस्प था कि भविष्यकथन बाजार की हलचल के अनुरूप हो रहा था, न कि हलचलें भविष्यवाणी के अनुरूप। वर्ष 2007 के उत्साहपूर्ण दौर में लगभग किसी ने भी भविष्यवाणी नहीं की कि बाजार में काफी तेजी आ गई है और अब इसमें सुधार आएगा। शायद इसलिए बाजार रॉकेट की तरह ऊपर जा रहा था। वर्ष 2008 के अंतिम महीनों की मंदी में कोई भी भविष्यवाणी नहीं कर पाया कि भारतीय शेयर बाजार में कुछ महीनों बाद फिर से उछाल आएगा। शायद इसलिए कि उस समय बाजार गिरते चाकू की तरह नीचे आ रहा था।

वॉरेन बफे शायद आपको बताते कि लोग बाजार में होने वाले इस परिवर्तन का पूर्वानुमान नहीं लगा सकते थे, क्योंकि वास्तव में कोई ऐसा कर नहीं सकता। कुशल जानकारी के इस संसार में अकुशलता है, क्योंकि जिन मशीनों—मानव मस्तिष्कों—का हम प्रयोग करते हैं, वे त्रुटिहीन नहीं हैं।

बाजार के बुलबुले

मुझे ऐसा लगता है कि बुलबुलों की भी व्याख्या है। जब बाजार

की स्थितियाँ अच्छी होती हैं—अर्थव्यवस्था बेहतर तरीके से आगे बढ़ रही है, बचत दर ऊँची है, मुद्रास्फीति नीचे है, ऋण की दर कम है, ऋण सरलता से उपलब्ध है, तो व्यापार भी बहुत अच्छा चलता है। राजस्व और प्राप्ति बड़ी तेजी से बढ़ती है। निवेशक अपनी बचत को शेयर बाजार में लगाते हैं। शेयरों के दाम बढ़ने लगते हैं। इससे शेयर बाजार की तरफ और धन आकर्षित होता है। ऐसे में अच्छी कंपनियों की ही नहीं, मध्यम श्रेणी की कंपनियों की स्थिति भी बहुत अच्छी हो जाती है—उनके अपने-अपने व्यापार में भी और शेयर बाजार में भी। फलस्वरूप सब तरफ अच्छी खबर ही फैलती है। आधारभूत चीजें अच्छी हो जाती हैं। लेकिन समय बीतने के साथ जब अच्छी चीजें जरूरत से ज्यादा अच्छी हो जाती हैं और अच्छी खबर हद से बढ़कर बिकने लगती है, तब शेयरों के भाव वास्तविकता के स्तर से अधिक हो जाते हैं। ऐसा किसी मजबूत आधारभूत उपलब्धि के कारण नहीं होता। बल्कि यह तो बहुत अधिक धन के अच्छी खबर के पीछे दौड़ने की वजह से होता है। कुछ विशेषज्ञों के चेतावनी संकेतों की उपेक्षा कर दी जाती है और कंपनियों या अर्थव्यवस्था से मिलने वाली बुरी खबरों की अनदेखी की जाती है। जो लोग पहले बाजार में भाग लेने के अनिच्छुक होते हैं, क्योंकि उनकी राय में यह अतिमूल्यित होता है, वे भी शामिल होने लगते हैं। कारण कि वे हरेक को बहुत लाभ कमाते देख चेतावनी को अनसुना कर देते हैं। वे दूसरों को पैसा कमाते देखते हैं तो खुद को उससे वंचित नहीं रखना चाहते। एक चरम तूफान और चरम बुलबुला!

मुझे वह कहानी याद आ रही है जो मेरे पिताजी ने कुछ महीनों पहले सुनाई थी। सन् 1999 में डायचे बैंक लंदन के एक अति वरिष्ठ कर्मी अंशु जैन ने उन्हें बताया था कि शेयर बाजार में मंदी आने वाली

है। मेरे पिता उनसे सहमत हुए लेकिन फिर भी उनसे इस पूर्वानुमान के पीछे का तर्क पूछा। अंशु जैन का स्पष्ट उत्तर था कि शेयर बाजार काफी लंबे अरसे से इतना अच्छा चल रहा था कि उनके तर्कसम्मत मन के ऐसा करने से मना करने पर भी वे उसमें भाग लेने को लालायित हो रहे थे। उनके लिए उनका अपना स्वभाव इस बात का संकेत था कि यह बुलबुला है। चूँकि बातचीत कुछ दिल्लगी में हो रही थी, और मेरे पिता ने विश्वास नहीं किया कि अंशु जैन ने बुलबुले से भाँप लिया होगा, मैंने इस कहानी से एक गंभीर संदेश पाया।

ये बुलबुले समझदार से समझदार को भी अपने आकर्षण में जकड़ सकते हैं। ऐसे हालात में जब किनारे बैठे लोगों को बाजार ललचा रहा हो, यह परंपरागत भीड़ का बाजार पर भरोसा था, लक्षण नहीं। यह 'मस्तिष्क पर प्रलोभन की जीत' का लक्षण है।

जो शक्तियाँ बुलबुला बनाती हैं, वही बाजार में मंदी भी लाती हैं। जिस तर्क से अच्छे आर्थिक आँकड़ों और तगड़ी कमाई को लोग बुलबुले में बदल देते हैं, उसी तर्क के अनुसार खराब आर्थिक आँकड़ों और कम कमाई को शेयर बाजार में हिस्सा लेने वाले घबराए लोगों के बढ़ा-चढ़ाकर पेश करने से बेवजह शेयरों के दाम गिरने लगते हैं। बाजार की इस तरह की अस्थिरता की न केवल आशा की जानी चाहिए बल्कि होशियार निवेशक इस तरह की प्रवृत्तियों से फायदा भी उठा सकते हैं।

माननीय बाजार और उनका मूड

बेंजामिन ग्राहम बाजार की अस्थिरता और बाजार-चक्रों की एक पात्र 'माननीय बाजार' के माध्यम से बड़ी सुस्पष्ट व्याख्या करते हैं। वे अपने निवेशकों से कल्पना करने को कहते हैं कि वे किसी कंपनी के

एक हिस्से के मालिक हैं, और दूसरे मालिकों में एक 'माननीय बाजार' बेचने के लिए या आपके शेयर खरीदने के लिए तैयार रहते हैं। आप उनके शेयर खरीद सकते हैं, अपने शेयर उनको बेच सकते हैं, या फिर उनको अनदेखा कर सकते हैं।

अकसर 'माननीय बाजार' भावावेश में आ जाते हैं। कभी वे बहुत ऊँची और कभी बहुत मंदी पेशकश करते हैं। 'माननीय बाजार' की सहज एक झलक है, यह झाँकी न सही, न गलत है। यह तो आपको किसी नई कंपनी में निवेश करने, किसी वर्तमान कंपनी में निवेश करने, किसी वर्तमान निवेश को बढ़ाने या फिर आंशिक अथवा पूर्व रूप से किसी निवेश को त्यागने की पेशकश करती है।

भोले-भाले निवेशक 'माननीय बाजार' के बनाए भाव पर शेयर की खरीद-बिक्री पेशकश से अधिक वास्तविक मान लेते हैं, जिसे कि स्वीकार या अस्वीकार किया जा सकता है। इसलिए उनके मूड भी निश्चित रूप से 'माननीय बाजार' के मूड का अनुसरण करते हैं। निवेशकों को चाहिए कि व्यापार के अपने आकलन के अनुसार 'माननीय बाजार' के प्रस्ताव पर प्रतिक्रिया करनी चाहिए, न कि उनके पिछले 10 प्रस्तावों के प्रतिमान से निर्देशित होना चाहिए।

बेंजामिन ग्राहम निवेशकों से कहते हैं कि वे शेयर बाजार के भावों को 'माननीय बाजार' के प्रस्तावों की तरह मानें। ये प्रस्ताव एक अस्थिर मनोभाववाले व्यापारिक साझेदार के हैं। यह निवेशकों को शेयर बाजार के उतार-चढ़ाव और भावों के कम-ज्यादा होने से तटस्थ होने में सहायक होगा।

लोलापलूजा

जो लोग इस शब्द से परिचित नहीं हैं, उनके लिए हम बताना

चाहेंगे कि यह अंग्रेजी का एक प्रामाणिक शब्द है, जिसका अर्थ शब्दकोश में देखा जा सकता है। इसका अर्थ है, 'कुछ अपनी ही तरह का असाधारण।' इसे 'बर्कशायर हैथवे' के उपाध्यक्ष चार्ली मंगर ने लोकप्रिय किया। वह 'लोलापलूजा प्रभाव' वाक्यांश का प्रयोग यह स्पष्ट करने के लिए करते हैं कि किस तरह बाजार की बहुल शक्तियाँ और मानव-पूर्वाग्रह एक साथ प्रतिक्रिया करके अत्यंत ऊँची या नीची स्थितियाँ पैदा कर सकते हैं! वे स्पष्ट अवसरों या स्पष्ट अनर्थ की स्थितियाँ उत्पन्न कर देती हैं। मुझे यह शब्द मोहक और प्रभावशाली लगता है। ग्राहम और बफे के दर्शन को आत्मसात् कर लेने के बाद मैंने समझा कि 'लोलापलूजा प्रभाव' विवेकसम्मत सोच से तर्कहीनता का लाभ उठाने की कुंजी है।

अकुशलता से मिलने वाले अवसर

वॉरेन बफे ठीक ही कहते हैं कि उनका अपना सोचने का तरीका है। वे अपना विश्लेषण करते हैं और बाजार भावना के प्रभाव से बचकर रहते हैं। उनके विचार में बाजार में उतार-चढ़ाव का फायदा उठाया जा सकता है, तब हम सशंकित रहने की चेष्टा करते हैं, और जब दूसरे आतंकित होते हैं, तब हम लालच में आते हैं।''

पिछले चार साल में भारत में बुनियादी ढाँचा कंपनियों के शेयरों और उपभोक्ता उत्पाद कंपनियों के शेयरों की तुलना से यह बात नितांत स्पष्ट हो जाती है। वर्ष 2007 में शेयर बाजार की स्थिति बहुत अच्छी थी। कुल मिलाकर बाजार का स्तर वर्ष 2010 के अंत के समतुल्य था। लेकिन इस अवधि में बाजार का कोप सह रहे बुनियादी ढाँचा कंपनियों के शेयर अपना बहुत सा मूल्य खो चुके थे, जबकि उपभोक्ता उत्पादों के

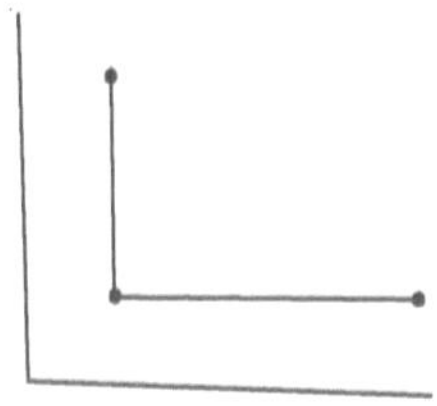

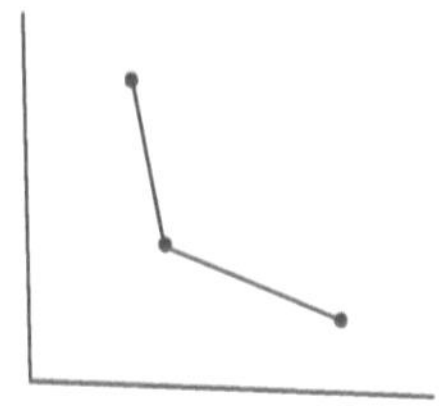

शेयरों में अच्छा-खासा इजाफा हो रहा था। अगले कुछ पृष्ठों पर दिए रेखाचित्रों पर जरा नजर डालिए—

आगे दिए गए रेखाचित्रों से कुछ चीजें स्पष्ट हो जाती हैं। पहली यह कि बुनियादी ढाँचा कंपनियों के शेयरों के बारे में तर्कहीनता का स्तर ऐसा था कि सन् 2007 के अंत और सन् 2010 के अंत के बीच उन्हें अपने मूल्य का 50 से 60 प्रतिशत तक खोना पड़ा। हालाँकि शेयर बाजार का स्तर उन दिनों समान ही था। दूसरा यह कि अधिकांश बुनियादी ढाँचा कंपनियों का आर.ओ.सी.ई. निराशाजनक स्तर तक कम था, जबकि उनका पी/ई का अनुपात बेहद ऊँचा था। इसीलिए उस समय संभवत: शेयर बाजार यही दाँव लगा रहा था कि इन कंपनियाँ का तेजी से विकास होगा। पी/ई अनुपात का मूल्यांकन 50 या 200 भी इस विवेकहीन आशावादिता की मानसिकता के साथ ही आर.ओ.सी.ई. जैसे गणना से उभरे तथ्यों की उपेक्षा प्रकट करता है। अगर मैं वॉरेन बफे को ठीक से समझा हूँ, असाधारण वृद्धि प्रस्तुत करना, जो कार्यान्वित होकर धनोपार्जन कर सके, वास्तविक जगत् में भ्रम ही है। अगर मैं बेंजामिन ग्राहम को ठीक से समझा हूँ तो निम्न आर.ओ.सी.ई. के साथ उच्च वृद्धि विनाशक हो सकती है।

तीसरी, एकमात्र बुनियादी ढाँचा कंपनी, जिसके शेयर वर्ष 2007 के भाव के समकक्ष बने रहे, वह एल. एंड. टी. है। यह संयोगमात्र नहीं

कि इस कंपनी का आर.ओ.सी.ई. दूसरों के विपरीत पिछले अनेक वर्षों में 18 प्रतिशत के आस-पास रहा। चौथी बात यह कि मुझे प्रतीत होता है कि इन बुनियादी ढाँचा कंपनियों का संचालन करनेवाले व्यापारी बड़े होशियार थे और उन्होंने शेयर बाजार की स्थिति का लाभ उठाया। अगर आप वर्ष 2006 के बाद से इनमें से अधिकांश बुनियादी ढाँचा कंपनियों के बाजार-मूल्य में वृद्धि पर एक नजर डालें तो पाएँगे कि इनमें से अधिकांश प्राप्तियाँ नए पूँजी एकत्रण से हुईं, जो इन कंपनियों ने उच्च मूल्यांकन पर किया, न कि शेयर मूल्यों की प्राप्ति से। ऐसे बहुत से उदास शेयरधारक होंगे, जो आज महसूस कर रहे होंगे कि काश उन्होंने ग्राहम कि पुस्तकें पढ़ी होतीं, जिनमें उन कंपनियों में निवेश को लेकर चेतावनी दी गई थी, जो धन एकत्र करती हैं; हालाँकि उनके धन का उपयोग बेहतर परिणाम नहीं देता। हालाँकि ऐसी कंपनियाँ अल्प अवधि में बाजार के मूड के कारण बहुत सफल दिखाई देती हैं, दीर्घ अवधि उनमें से अधिकांश के लिए अच्छी सिद्ध नहीं होती। पाँचवीं बात यह कि उपभोक्ता शेयर उच्च आर.ओ.सी.ई. कमा रहे थे। लेकिन उन्हें खास समर्थन नहीं मिला। पिछले चार साल में वर्ष 2007 के अंत के मुकाबले दो से तीन गुना लाभ कमाया।

उपर्युक्त निष्कर्ष से आप देखेंगे कि व्यापार के बारे में कोई नए तथ्य नहीं हैं। सूचनाएँ तो सबके लिए उपलब्ध थीं, लेकिन थोड़े से लोगों ने ही उसपर नजर डाली। शायद इसलिए बाजार का मूड उन पर हावी था। कुशल सूचनाओं और तर्कसम्मत तथ्यों की दुनिया में बाजारों ने अकुशलता और तर्कहीनता का व्यवहार किया। समय ने दिखा दिया है कि किस तरह निवेशक अंधाधुंध बाजार का अनुसरण करके आर्थिक हानि उठाते हैं। ऐसा ही एक विश्लेषण सन् 2007 में अचल संपत्ति के

शीर्ष से अधिक मूल्यांकन तथा इंजीनियर व मोटर पार्ट कंपनियों के अल्पमूल्यांकन का प्रस्तुत किया जा सकता है। इसी तरह सन् 1999 में प्रौद्योगिकी कंपनियों के बढ़ा-चढ़ाकर किए गए मूल्यांकन की एवं वित्तीय कंपनियों की बुनियादी बातों की उपेक्षा की गई।

बाजार के स्तर और जोखिम

अधिकतर लोग अपने अंतर्ज्ञान के आधार पर जोखिम का संबंध बाजार स्तर से जोड़ते हैं। दूसरे शब्दों में, जब बाजार में मंदी होती है तो वे समझते हैं कि जोखिम है और जब तेजी होती है तो समझते हैं कि अब कोई जोखिम नहीं है। बेंजामिन ग्राहम आपको बताएँगे कि इसका ठीक उलटा सच है। जब बाजार तेजी में होता है तो सारी अच्छी सूचनाओं को शेयर के मूल्य निर्धारण के दौरान आकलन में लिया जाता है। इस तरह या तो उनका पूरा-पूरा मूल्यांकन होता है, या फिर अतिमूल्यांकन हो जाता है। जब बाजार मंदी में होता है तो लोग उसी अच्छी सूचना पर अपेक्षाकृत कम अंश में विश्वास करते हैं। अतः शेयरों का मूल्यांकन आधारभूत तथ्यों के आलोक में अधिक यथार्थता से आँका जाता है। माधव धर मुझे समझाते हैं कि मंदीवाला बाजार खरीदने के असाधारण अवसर प्रदान करता है—केवल इसलिए नहीं कि शेयर पहले के मुकाबले सस्ते होते हैं, बल्कि इसलिए कि शेयर आधारभूत मूल्य के निकट अथवा उससे भी नीचे के मूल्य पर होते हैं।

वर्ष 2007 में जब बाजार में तेजी थी, वॉरेन बफे किनारे रहे। जब बाजार मंदा हुआ तो उन्होंने अपनी आस्तीनें चढ़ा लीं और काम में जुट गए। 18 महीनों में उन्होंने डाऊ कैमिकल्स, जनरल इलेक्ट्रिक, गोल्डमैन साक्श, स्विस रे और रिंगले जैसी उच्च श्रेणी की कंपनियों में 21 अरब

डॉलर के तरजीही शेयर और परिवर्तनीय प्रतिभूतियाँ खरीद डालीं। इस निवेश ने शेयरों के दामों में बढ़ोतरी दिलाने के अलावा 2.1 अरब डॉलर का वार्षिक लाभांश भी दिलाया। इसकी बैंकों की तीन प्रतिशत दर से तुलना कीजिए। तेजी के दिनों में इनमें से कोई भी कंपनी इस तरह के सौदे के लिए तैयार न होती। लेकिन मंदी वाले अस्त-व्यस्त बाजार में ऐसा हो जाता है। वर्ष 2009 में अपने शेयरधारकों के लिए वार्षिक पत्र में बफे ने कहा, ''यह निवेशकों के लिए आदर्श समय था। आशंका का वातावरण उनका सबसे अच्छा मित्र है।'' 'बर्कशायर हैथवे' ने सन् 2008 के आरंभ में युद्धस्तर पर लगाने के लिए 43 अरब डॉलर तैयार रखे थे। वर्ष 2009 में इसने परिचालन आय की कमाई के 17 अरब जोड़कर तिजोरी 60 अरब डॉलर की कर ली। इनमें से उसने लगभग 30 अरब डॉलर शेयरों और ऋणपत्रों में लगाए। जब लोगों को बाजार में 'रक्तपात' नजर आ रहा था, बफे को इसमें 'सेल' लगी नजर आई। इसीलिए तो वे इतने चर्चित हैं।

माधव धर ने सन् 1993 में मार्गन स्टेनले के लिए इनफोसिस में 13 प्रतिशत हिस्सेदारी खरीदी जबकि कंपनी का सार्वजनिक निर्गम असफल हो गया था। बाजार की स्थिति अच्छी न थी, सॉफ्टवेयर के आउटसोर्सिंग मॉडल को भारत में अच्छी तरह समझा नहीं गया था और तब इनफोसिस का नाम अपेक्षाकृत कम सुना गया था। माधव धर के लिए यह मूल व्यापार बहुत सरल था—भारत में आउटसोर्सिंग के आधार पर सॉफ्टवेयर का विकास करो और भारत के सस्ते श्रम का लाभ उठाओ। अगर कपड़ा कंपनियाँ श्रम-लागत का लाभ उठा सकती थीं, तो सॉफ्टवेयर कंपनियाँ भी उठा सकती थीं। आउटसोर्सिंग कोई बहुत मौलिक विचार न था। अमेरिका में ई.डी.एस. और कैंब्रिज टेक्नॉलोजी

पार्टनर्स सफलतापूर्वक यह व्यापार कर रहे थे हालाँकि कंपनी अच्छा कारोबार कर रही थी, फिर भी उसके व्यापार मॉडल को आमतौर पर स्वीकार नहीं किया गया था। अतः इसकी सार्वजनिक पेशकश का मूल्यांकन आकर्षक था। माधव धर से सार्वजनिक पेशकश की असफलता के माहौल में जो हौसला दिखाकर सौदा किया, उसने उनके क्लाइंट मार्गन स्टेनले को अगले कुछ साल में बेचने पर अत्यधिक लाभ दिलाया। अगले छह वर्षों में इन शेयरों के भाव 500 गुना बढ़ गए। इसका कारण कंपनी की सशक्त उपलब्धि और 90 के दशक के अंतिम वर्षों में प्रौद्योगिकी बुलबुला था।

कल्पना करें कि अगर आपने उस सार्वजनिक पेशकश के समय निवेश किया होता और आज तक उसपर टिके रहते तो आपका निवेश 3200 गुना हो गया होता! जी हाँ, 17 वर्षों में 3200 गुना! इसके विपरीत अगर आपने सन् 1999 की तेजी के समय इसी कंपनी में निवेश किया होता और उसके 80 प्रतिशत मूल्यांकन खो देने पर भी डटे रहने का मानसिक साहस दिखाया होता तो पिछले 11 वर्षों में केवल 6 गुना ही लाभ कमाते। अगर आपने सन् 2000 के प्रौद्योगिकी संकट के दिनों में इनफोसिस में निवेश किया होता तो पिछले 10 वर्षों में आपने अपने निवेश का लगभग 33 गुना कमाया होता। वही मजबूत कंपनी, मजबूत कारोबार, उच्च परिचालन मार्जिन और आर.ओ.सी.ई. लेकिन रिटर्न में इतना अंतर। प्रत्यक्ष तत्त्व : निवेश के समय कम मूल्य। अप्रत्यक्ष तत्त्व : शेयर बाजार की तेजी या मंदी। निष्कर्षः बाजार की खराब स्थिति और अच्छी कंपनी व आश्चर्यजनक लाभ। जैसाकि मेरे एक और चाचा पुनीत डालमिया कहते हैं : ''दुनिया बौद्धिकता के मुकाबले साहस को अधिक पुरस्कार देती है।''

आशीष धवन बाजार की मंदी में सक्रिय रहे और उन्होंने उसका शानदार लाभ उठाया। वे बेंजामिन ग्राहम की इस टिप्पणी का अनुसरण करते हैं: ''असफलता का मूल कारण यह है कि वे लोग (निवेशक) इसपर आवश्यकता से अधिक ध्यान देते हैं कि इस समय शेयर बाजार में क्या हो रहा है।'' जब सन् 2002 में बाजार में मंदी पसरी हुई थी, ऐसा न करने का निश्चय करते हुए आशीष धवन ने 'एमफैसिस' के शेयरों का सौदा किया। इस कंपनी के उनके पास पहले से ही 7 प्रतिशत शेयर थे। 60 करोड़ डॉलर की इस सॉफ्टवेयर कंपनी में सन् 2001 में 325 रुपए प्रति शेयर के भाव से खरीद की थी। शेयरों की दाम बढ़कर 500 रुपए तक चला गया, लेकिन प्रौद्योगिकी बुलबुला फूट जाने और कंपनी के ग्राहकों के कम हो जाने पर निवेशक डर गए कि 'एमफैसिस' जैसी मझौले आकार की कंपनियाँ संघर्ष में पड़ जाएँगी और शायद खुद को बचा भी न सकें। वर्ष 2002-2003 में इसके शेयरों का भाव गिरकर 50 रुपए आ गया। घबराने के बजाय आशीष धवन ने अपने गहन विश्लेषण और विश्वास के आधार पर कंपनी में 7 प्रतिशत शेयर और खरीद लिए। उस दौरान इसके शेयरों का भाव गिरकर 100 रुपए से 50 रुपए तक रह गया था। उनका तर्क यह था कि प्रति शेयर खाता मूल्य 150 था। कंपनी का पी/ई. अनुपात बहुत कम था, खासतौर से जब आप नई शुरू की गई व्यापार प्रक्रिया आउटसोर्सिंग (बी.पी.ओ) की अस्थाई हानि को दुरुस्त कर लें, जिसकी वजह से कमाई में कमी आ गई थी। नतीजा यह हुआ कि आशीष धवन ने अगले तीन साल में अपने समस्त निवेश पर 4.2 गुना पाया। विश्लेषण, विश्वास और साहस की संयुक्त शक्ति ऐसी ही होती है।

लगभग पाँच साल बाद बाजार में सुधार से लाभ कमाने का एक

और अवसर आया। वर्ष 2008 के आखिरी महीनों में जब अंतरराष्ट्रीय शेयर बाजार अपनी गुत्थियाँ सुलझा रहा था मेरे पिता ने भारत के दो बैंकों के शेयरों के सौदे किए—ये थे देश का सबसे बड़ा बैंक 'स्टेट बैंक ऑफ इंडिया' और दूसरे नंबर का 'पंजाब नेशनल बैंक'। वे कई वर्षों से वित्तीय क्षेत्र का अध्ययन कर रहे थे और उन्होंने देखा था कि यह लाभदायक है। पर वे निवेश की शुरुआत नहीं कर पा रहे थे, क्योंकि शेयर का मूल्य ऊँचा था। न्यूयॉर्क के 'सोरोस फंड मैंनेजमेंट' में प्राइवेट इक्विटी के सह-प्रमुख रवि यादव ने कई साल पहले उन्हें इस तर्क की व्याख्या बताई थी कि भारत जैसे विकासशील बाजार में किस तरह वित्तीय क्षेत्र बहुत अधिक धनराशि का उपार्जन कर सकता है। कारण कि यह समग्र आर्थिक विकास, उपभोक्ता समृद्धि और औद्योगिक विकास का प्रतिनिधित्व करता है। मेरे पिता ने चैतन्य डालमिया और आशीष धवन को इस क्षेत्र में अत्यंत सफल निवेश करते देखा था। मेरे पिता ने समय पर निवेश नहीं किया। वे मौका चूक गए थे। उसके बाद वित्तीय क्षेत्र के शेयरों के मूल्य उनके निश्चिंतता के स्तर से ऊपर चले गए थे।

वर्ष 2008 के आखिरी महीनों और वर्ष 2009 की शुरुआत में उनको दूसरा अवसर मिला। 'स्टेट बैंक ऑफ इंडिया' और 'पंजाब नेशनल बैंक', जो परंपरा से अपने खाता मूल्य से 2 या 2.5 गुने पर बिक्री कर रहे थे, अब खाता मूल्य के 1.2 और 1.3 गुने पर आ गए थे। अगर कोई इन बैंकों के आधारभूत तथ्यों पर एक नजर डालता तो स्पष्ट हो जाता कि कोई मसला नहीं है। फिर भी चूँकि आई.सी.आई.सी.आई. जैसे कुछ प्रमुख बैंक कठिनाई में आ गए थे, इसलिए निवेशक पूरे क्षेत्र के बारे में चिंतित हो गए। शेयर बाजार के सूचकांक में एक साल के अंदर 50 प्रतिशत का सुधार आया और बैंकों के शेयरों में भी 50

प्रतिशत सुधार आया। मेरे पिता ने कई बैंकों का विश्लेषण किया। वे आई.सी.आई.सी.आई. जैसे बैंकों से दूर रहे। ये बैंक खाता-मूल्य पर बिक्री कर रहे थे, लेकिन वे इनके फँसे कर्ज के बारे में निश्चित न थे। उन्होंने बहुत से छोटे बैंक भी पसंद नहीं किए; क्योंकि उनमें उनके अपने ही तरह के मसले और जोखिम थे। लेकिन 'स्टेट बैंक ऑफ इंडिया' और 'पंजाब नेशनल बैंक' में उन्होंने निवेश किया। छह महीनों के अंदर निराशा के बादल छँट गए और इन शेयरों के भाव अपने 'सामान्य' मूल्यांकन की तरफ चढ़ने लगे। उसके बाद से 'स्टेट बैंक ऑफ इंडिया' के शेयर 2.3 गुने और 'पंजाब नेशनल बैंक' के लगभग दो गुने पर हैं। इससे मैंने यह सबक सीखा कि बाजार चक्र का लाभ उठाने के ऐसे अवसर जितना आप सोचते हैं, उससे अधिक बार आते हैं। आपको ऐसे हर अवसर पर निवेश करने के लिए लालायित नहीं होना चाहिए। लेकिन जब मूल्यांकन आकर्षक हो जाए, उस अवसर के लिए तैयारी करके रखें।

ग्राहम और बफे एक बार और अपनी बात दोहरा सकते हैं कि वे आपको बताएँ कि 'मंदी में खरीदो, तेजी में बेचो।' बजाय इसके कि 'तेजी में खरीदो, मंदी में बेचो' के प्रलोभन जाल में फँसे, जैसाकि बहुत से निवेशकों के साथ अंततः होता है। ऐसे निवेशक समुचित विश्लेषण नहीं करते। वे भेड़चाल में राहत महसूस करते हैं या फिर ऐसे होते हैं जिन्होंने शेयर बाजार में दाँव लगाने के लिए कर्जा लिया होता है। वजह जो भी हो, समझदार निवेशक शेयर बाजार के इन चक्रों को भाँप जाते हैं और आधारभूत व्यापारों पर अपना ध्यान केंद्रित करते हैं।

□

ग्राहम और बफे की सीखें?

> जो लोग सच्चाई का साथ छोड़ देते हैं, वे हार जाते हैं।
>
> —**रवींद्रनाथ टैगोर**

मुझे ऐसा लगता है कि 2010 का वर्ष स्वभाव को लेकर आत्मचिंतन का वर्ष था। मैंने देखा कि सब जगह प्रवृत्ति, स्वभाव और चरित्र के बारे में सबक थे। जाने-माने निवेशक जिम रोजर्स की पुस्तक 'ए गिफ्ट टू माई चिल्ड्रन' में एक सबक है: 'सफल होने का सरलतम उपाय है उसके योग्य होना।' अब तक की सबसे अधिक कमाई करनेवाली फिल्म '3 इडियट्स' का संदेश यह है कि हमें श्रेष्ठता के लिए प्रयास करना चाहिए, सफलता अपने आप मिलेगी। शतरंज के माहिर उस्ताद जॉश वेजकिन पर लिखे गए एक लेख में टिप्पणी थी, "स्वभाव वह है जो आप बोते हैं, भाग्य वह है जो आप काटते हैं।" मैंने जो कुछ बेंजामिन ग्राहम और वॉरेन बफे के बारे में पढ़ा, ये सब बातें उससे बखूबी मेल खाती हैं।

उनके बारे में पढ़ते हुए जो कुछ मैंने सीखा, वह जितना निवेश के बारे में था, उतना ही स्वभाव या चरित्र के बारे में भी। उनके तीन विशेष

गुणों—वस्तुनिष्ठता, सरलता और ऊर्जस्विता ने मुझ पर बहुत प्रभाव डाला है। ये ग्राहम और बफे को परिभाषित करते हैं। उनकी असाधारण सफलता के पीछे यही गुण हैं।

पहली बात जो उभरकर सामने आई, वह वस्तुनिष्ठता थी। वे आपको बताएँगे कि जो भी निर्णय लो, वे तथ्य आधारित होने चाहिए। हमें अपने मनोभावों और अंतर्ज्ञान को तथ्यों से समंजित करना चाहिए। वे जो कुछ दूसरे कहते हैं, उनसे निर्देशित नहीं होते, बल्कि अपने खुद के वस्तुनिष्ठ आकलन से निर्देशित होते हैं। उनमें असाधारण आत्मविश्वास—उनकी सत्य का अन्वेषण करने और तद्नुरूप एक पूर्वाग्रह रहित दृष्टिकोण बनाने की इस क्षमता से आता है। हालाँकि यह आपकी समझ की बात है पर वास्तविक जीवन में हम अकसर तथ्यों और वास्तविकताओं को नजरंदाज करके अपने लिए संकट पैदा कर लेते हैं।

दूसरी चीज जिसने मुझे अभिभूत किया, वह उनकी सरलता थी। इस जटिल संसार में जटिलता के प्रभाव में आने के बजाय उन्होंने सर्वाधिक महत्त्वपूर्ण परिवर्तनों पर ध्यान केंद्रित किया। जब हम देखते हैं कि वॉरेन बफे किस तरह कुछ सरल, दिशा-निर्देशों के आधार पर बड़े-बड़े दाँव खेल जाते हैं, तो यह बात स्पष्ट हो जाती है। वे अपने हर निवेश पर इसे निरंतर लागू करते हैं। उनकी निजी सरलता भी मस्तिष्क से अव्यवस्था दूर करने में मदद करती है। यह उनके अहं पर अंकुश लगा उन्हें असाधारण सफलता के बावजूद विनम्र और जिज्ञासु बनाए रखती है। यह सरलता अत्यधिक केंद्रीकरण और विचारों की स्पष्टता भी प्रदान करती है। अवसर आने पर यह उनको अविलंब निर्णय लेने में सहायता करती है। यह उनके प्रबंधकों को अनावश्यक हस्तक्षेप के बिना अपना व्यापार बढ़ाने का अवसर प्रदान करती है।

अंतिम बात जो मैं उनके जीवन से याद रखूँगा, वह उनकी ऊर्जस्विता है। श्रेष्ठता के लिए उनका मनोवेग और निवेश-दर्शन के लिए प्रतिबद्धता उन्हें अवसर आने पर अतिरिक्त परिश्रम करने को बाध्य करती है। यह उन्हें भीड़ से अलग चमकने की शक्ति देती है। यह उन्हें लंबे समय तक निश्च्छल खड़े रहने और अवसर आने पर तेजी से कारवाई करने की क्षमता प्रदान करती है। यह उन्हें व्यक्तिगत त्याग करने और बदलती दुनिया के अनुकूल बदलने की प्रेरणा देती है। इसने उनको कुछ उत्तम श्रेणी के प्रबंधकों को आकर्षित करने और कई दिलचस्प सौदों की पहल करने में सहायता दी।

इन गुणों को सिद्धांत के स्तर पर समझना बहुत आसान है, लेकिन वास्तविक जीवन में इनपर अमल करना काफी मुश्किल है। मेरे दादाजी अकसर हमें हिंदू पुराणों की कहानियाँ पढ़कर सुनाया करते हैं। इनमें से एक ने मुझे चकित कर दिया। महान् हिंदू महाकाव्य 'महाभारत' में गुरु द्रोणाचार्य बालक राजकुमार युधिष्ठिर पर कुपित हो गए। वे एक आसान सबक याद नहीं कर सके थे कि हमें हर परिस्थिति में सदा सत्य बोलना चाहिए। पूछने पर युधिष्ठिर ने उत्तर दिया कि वे सबक को समझ तो गए हैं, लेकिन उसे सीख नहीं सके; क्योंकि उन्हें वास्तविक जीवन में अपने ऊपर इसका परीक्षण करने का अवसर नहीं मिला।

बेंजामिन ग्राहम, वॉरेन बफे और असाधारण कारनामे करनेवाले अन्य अनेक लोगों से मिलनेवाले सबक ऐसे ही सरल लेकिन कठिन होते हैं। यह हमारा काम हैं, कि उनसे प्रयोग करें, अपना परीक्षण करें और वास्तविक जीवन के अपने लाभ के लिए उनका इस्तेमाल करें।

जैसाकि यूनानी दार्शनिक प्लेटो ने कहा है, ''पहली और सर्वोत्तम जीत अपने आपको जीतने में है।''

□

परिशिष्ट-1

वॉरेन बफे : संक्षिप्त जीवनी

अमरीका के वॉरेन बफे बिल गेट्स और कार्लोस स्लिम के बाद दुनिया के तीसरे सबसे बड़े धनाढ्य व्यक्ति हैं; लेकिन बफे दुनिया के किसी भी रईस से हर मायने में अलग हैं। 'फोर्ब्स' पत्रिका के अनुसार वॉरेन के पास 52.4 अरब की संपत्ति है, अगर इसे भारतीय रुपयों में गिना जाए तो यह राशि 2 हजार 620 अरब रुपए की बनती है। अपनी संपत्ति का 80 प्रतिशत एक पारमार्थिक संगठन को दान देकर बफे अमेरिकी इतिहास में इतनी बड़ी राशि दान करनेवाले प्रथम व्यक्ति बन गए।

अमरीका के ओमाहा के नेब्रास्का में 30 अगस्त, 1930 को जनमे बफे के पिता शेयर बाजार के कारोबारी थे। उन्होंने 11 साल की उम्र में अपने पिता के साथ शेयर बाजार से अपने कारोबारी जीवन की शुरुआत की और जेबखर्च का पैसा निकालने के लिए अखबार भी बेचे। 13 साल की उम्र में बफे ने अपना पहला आयकर रिटर्न दाखिल किया। उन्हें इस बात का अफसोस रहा कि पैसा कमाने की शुरुआत बहुत देर से की। 15 साल की उम्र में वारेन ने अपने हाईस्कूल के एक मित्र के साथ मिलकर नाई की एक दुकान पर 25 डॉलर में पिन बॉल मशीन लगाकर अच्छा पैसा

बनाया और इस पैसे से 40 एकड़ का एक फार्म खरीदा। इसके बाद अपनी कुशाग्र कारोबारी बुद्धि का भरपूर उपयोग करते हुए शेयरों में निवेश शुरू किया और खूब धन कमाया।

20 साल की उम्र में बफे ने कोलंबिया बिजनेस स्कूल में बेंजामिन ग्राहम और डेविड डॉड जैसे अर्थशास्त्री गुरुओं से शेयर बाजार में निवेश करने के गुर सीखे। वॉरेन बफे को ओरेकल ऑफ ओमाहा यानी ओमाहा का सबसे बड़ा निवेशक कहा जाता है। वॉरेन ने कई बड़ी अमेरिकी कंपनियों में सबसे ज्यादा निवेश कर रखा है, जिनमें कोकाकोला और जिलेट जैसी कंपनियाँ शामिल हैं।

बफे की जीवनशैली बड़ी सरल है। वे आज भी उसी घर में रहते हैं, जो उन्होंने 50 साल पहले खरीदा था। वे अपनी कार खुद चलाते हैं, न तो उनके पास कोई ड्राइवर है, न कोई सुरक्षा गार्ड। वे कभी निजी विमान से यात्रा नहीं करते, जबकि वे दुनिया की सबसे बड़ी निजी विमान कंपनी के मालिक हैं। उनकी कंपनी बर्कशायर है थवे के स्वामित्व में 63 कंपनियाँ हैं। वे अपने सभी सी.ई.ओ. को साल में केवल एक बार पत्र लिखते हैं, जिसमें वे पूरे साल किए जानेवाले कार्यों के बारे में सुझाव भर देते हैं। वे कभी अपने अधिकारियों या कारोबारियों के साथ कोई बैठक नहीं करते।

वे अपना समय कभी भी ऊँचे और रसूखदार लोगों की होनेवाली पार्टियों में नहीं बिताते। वॉरेन के पास न तो अपना कोई निजी मोबाइल फोन है न कंप्यूटर या लैपटॉप। खाली समय में वे या तो अपने लिए पॉपकॉर्न बनाकर खाते हैं या टी.वी. देखते हैं।

बफे ने सन् 1952 में सुसान थॉम्पसन से विवाह किया। उनके तीन बच्चे हुए—सुसी, हॉवर्ड और पीटर। सन् 1977 से इस दंपती ने अलग-अलग रहना शुरू कर दिया था; हालाँकि जुलाई 2004 में पत्नी सुसान की

मृत्यु तक वे शादीशुदा ही बने रहे।

सन् 2006 में अपने 76वें जन्मदिन पर बफे ने 60 वर्षीय ऐस्ट्रिड मेंक्स से दूसरी शादी कर ली, जो उनकी पत्नी के सन् 1977 में सेन फ्रांसिस्को चले जाने के बाद से उनके साथ ही रह रही थी। दिलचस्प बात यह है कि उन दोनों की मुलाकात सुसान बफे ने ही कराई थी।

बफे इन दिनों स्टेज-1 प्रॉस्टेट कैंसर से ग्रस्त हैं। अपनी कंपनी बर्कशायर हैथवे को एक पत्र में 81 वर्षीय बफे ने लिखा—यह स्थिति उनके जीवन के लिए खतरनाक नहीं है। शरीर के किसी अन्य हिस्से में जाँच में कैंसर का पता नहीं चला। मैं काफी अच्छा महसूस कर रहा हूँ—मानो मैं अपने बेहतरीन स्वास्थ्यवाली स्थिति में हूँ। मेरा ऊर्जा स्तर 100 फीसदी है।'

नई पीढ़ी के युवाओं को उनका संदेश है—

क्रेडिट कार्ड की मानसिकता से दूर रहें और अपने आप पर ही निवेश करें। संपत्ति ने मनुष्य का निर्माण नहीं किया है बल्कि मनुष्य ने संपत्ति ईजाद की है। अपनी जिंदगी को जितनी सहजता और सरलता से जी सको, जीने की कोशिश करो। अगर आपके पास पैसा है तो उसे अनावश्यक रूप से खर्च करने की बजाय उन लोगों पर खर्च करो, जिन्हें इसकी जरूरत है।

दूसरे लोग जो कहते हैं वह मत करो, बस उनकी सुनो और वही करो जो करना आपके अपने हित में है, और उससे दूसरे का या समाज का कोई नुकसान भी नहीं होता हो।

जाने-माने ब्रांड के कपड़े पहनने की बजाय ऐसे कपड़े पहनो, जो आपके लिए आरामदायक हों। आप अपनी जिंदगी खुद जिओ, दूसरों को अपना मालिक मत बनने दो।

□

परिशिष्ट-2

बेंजामिन ग्राहम : संक्षिप्त जीवनी

बेंजामिन ग्राहम एक प्रखर अर्थशास्त्री और सफल निवेशक थे। उन्हें निवेश का पितामह भी कहा जाता है।

बेंजामिन ग्राहम का जन्म 8 मई, 1894 को लंदन में हुआ। जब वे केवल एक वर्ष के थे, तभी उनका परिवार संयुक्त राज्य अमेरिका आकर बस गया। यहाँ उनके पिता ने आयात व्यापार आरंभ कर दिया। बचपन में ही पिता के निधन के बाद उनकी माँ ने विषम आर्थिक परिस्थितियों में उनका पालन-पोषण किया।

बेंजामिन ग्राहम एक मेधावी छात्र थे। उन्होंने सन् 1914 में कोलंबिया यूनिवर्सिटी से स्नातक किया। इसके बाद उन्हें वहीं से नौकरी का प्रस्ताव मिला, जिसे उन्होंने ठुकरा दिया और 'वाल स्ट्रीट' पर शेयर मार्केट की एक कंपनी के साथ जुड़ गए। 25 वर्ष की आयु में वे उस कंपनी के पार्टनर बन गए और उनकी तनख्वाह 5,00,000 डॉलर प्रतिवर्ष हो गई।

सन् 1926 में उन्होंने एक निवेश कंपनी की शुरुआत की और रात की पाली में कोलंबिया यूनिवर्सिटी में अर्थशास्त्र विषय पढ़ाने लगे। वे सन् 1956 तक यहाँ रहे। सन् 1929 में आर्थिक मंदी के दौर में जब शेयर बाजार धराशायी हुआ, ग्राहम को जोरदार झटका लगा। तब उनकी पत्नी को एक डांस टीचर की नौकरी करनी पड़ी। सन् 1934 में ग्राहम और डेविड डाड ने 'सिक्यूरिटी एनेलेसिस' नामक पुस्तक लिखी, जो आज भी बहुत बिकती है। सन् 1949 में ग्राहम ने 'इंटेलिजेंट इनवेस्टर' नामक पुस्तक की रचना की, जिसे निवेश की बाइबल कहा जाता है। 82 वर्ष की आयु में 21 सितंबर, 1976 को निवेश के इस पितामह का निधन हो गया।

बेंजामिन ग्राहम को वैल्यू इनवेस्टिंग का जनक कहा जाता है। अपनी पुस्तक 'द इंटेलिजेंट इनवेस्टर' में उन्होंने डिफेंसिव स्टॉक को पहचानने के गुर बताए हैं। इसके लिए उन्होंने 7 मापदंड निर्धारित किए—

- कंपनी का आकार पर्याप्त हो। तर्कसंगत अनुमान है कि छोटी कंपनी की आय बड़ी कंपनी के मुकाबले अस्थिर रहेगी। बड़ी कंपनी में निवेश कम जोखिम भरा काम है।
- वित्तीय स्थिति मजबूत हो। दो अनुपातों के उपयोग से कंपनी की आर्थिक स्थिति का पता लगाया जा सकता है। करेंट रेशो (करेंट एसेट्स/ करेंट लायबिलिटीज) 2 से अधिक होना चाहिए तथा लंबी अवधि का उधार वर्किंग कैपिटल से ज्यादा न हो।
- शुद्ध लाभ में स्थिरता आवश्यक है। गत 10 वर्षों में कंपनी द्वारा निरंतर लाभ कमाना जरूरी है।
- डिविडेंड रिकॉर्ड उत्तम हो। कंपनी द्वारा नियमित रूप से शेयरधारकों को लाभांश देना भी डिफेंसिव स्टॉक की पहचान है।
- वार्षिक आय में पर्याप्त बढ़त हो। तीन साल के औसत का उपयोग करते हुए गत 10 वर्षों में प्रति शेयर आय (ई.पी.एस.) में 1/3 की बढ़त होनी चाहिए।
- पी.ई. अनुपात अत्यधिक न हो। पी.ई. अनुपात 15 से ज्यादा नहीं होना चाहिए। ऐसा करने से 'ओवरपे' की गलती से बचा जा सकता है।
- प्राइस टू बुक वैल्यू उचित हो। यह अनुपाज 1.5 से कम होना चाहिए। बेंजामिन ग्राहम ने यहाँ कुछ छूट दी है। यदि पी.ई. अनुपात कम हो तो प्राइस टू बुक वैल्यू अनुपात थोड़ा अधिक भी हो सकता है।

डिफेंसिव स्टॉक होने के लिए इन 7 में से 6 मापदंड पूरे करना जरूरी है। हालाँकि बेंजामिन ग्राहम के ये 7 मापदंड डिफेंसिव स्टॉक पहचानने के लिए हर शेयर बाजार में प्रासंगिक हैं, किंतु भारतीय शेयर बाजारों के तेजी से बदलते स्वरूप तथा वैल्यूएशन को ध्यान में रखते हुए इस रूपरेखा का शुद्ध तथा समुचित प्रयोग कठिन है। फिर भी इस नए परिवेश में कुछ भारतीय कंपनियाँ डिफेंसिव स्टॉक कहलाने के काफी निकट हैं। □□□